DETER
MINA
DOS

DETER MINA DOS

"PORQUE PARA VENCER Y NO PARA SER VENCIDOS, FUIMOS LLAMADOS"

YESENIA THEN

DETERMINADOS
© Yesenia Then, 2021 Tel. 829.731.4205 - 809.508.7788
Email: Contacto@yeseniathen.com
Website: www.yeseniathen.com

ISBN: 978-1-7360201-6-6
Distribuido y Publicado: RENACER UNO CORP - www.renaceruno.com
Diseño de portada: JD PUBLISHING

Impreso en Colombia

COMENTARIOS SOBRE EL LIBRO DETERMINADOS

"DETERMINADOS" es el término más adecuado para identificar a hombres y mujeres que jamás dejarán las cosas a medias. La pastora Yesenia Then es testimonio vivo de una persona determinada. Posee la experiencia y las marcas que la acreditan para ser escuchada. En este libro encontrarás principios poderosos, herramientas que nos ayudarán a cumplir nuestro propósito eterno. ¡Porque a vencer y no a ser vencidos fuimos llamados! ¡Gracias pastora Yesenia Then por tan valiosa aportación!

René González,
Pastor/ Salmista, Iglesia Casa De Júbilo.
San Juan, Puerto Rico.

"DETERMINADOS" es una compilación de los consejos más necesarios en estos tiempos, que, a la luz de la Palabra de Dios, nos servirán de guía para llegar al destino que nuestro Creador ha marcado para nuestra vida desde la eternidad.

La pastora Yesenia Then hace un extraordinario y práctico resumen de las estrategias que usted y yo podemos aplicar para llevar a los "hechos" lo que hemos determinado en nuestros "pensamientos o planes". De una manera muy coherente, en esta obra se explica cómo equiparnos de una forma tal que, al caminar hacia la meta, podamos recorrer el camino, no por emoción, sino solamente siguiendo el plan maestro y perfecto de nuestro Arquitecto. Solamente al usar lo que Él ya puso en nosotros, tomando en cuenta que esa es precisamente la materia prima para producir frutos a los niveles que glorifican a nuestro Señor.

En resumen, "DETERMINADOS" ha llegado a nuestra vida como un "Manual de equipamiento" para lograr ser, sin lugar a dudas, quien Dios dijo que seríamos si tomamos los pasos y las decisiones correctas, en el momento correcto. Te invito a que seas parte de todos aquellos que, a partir del momento de tener esta gema en sus manos, se convertirán en la generación de los que son direccionados por el Señor para avanzar y conquistar, para la gloria de Su nombre."

Pastora Laura Terrero,
Iglesia Bajo su Gloria Casa de Dios
New Jersey, USA.

La vida se compone de decisiones. Cuando tomamos las decisiones correctas, experimentamos las bendiciones de Dios. Si tomamos las decisiones equivocadas, nos desviamos del camino, lejos de nuestro diseño y propósito celestial. En esta obra maestra, Yesenia Then nos ayuda a entender lo valioso que es el saber, el sentirse y el decidirse a estar determinado. Nos enseña cuál debe ser nuestra respuesta a los desafíos que enfrentamos y cómo dividir correctamente las "voces" y los "mensajes" que escuchamos. La determinación no niega la realidad, observa los obstáculos, pero decide creer la verdad que Dios ha hablado sobre ti. La pastora Then nos encarga, nos inspira y nos responsabiliza a "ser productivos con lo que tenemos... para ser provistos de aquello que nos hace falta'. Mientras lees este libro, te garantizo que sentirás una ola de fe cargando tu alma a medida que tomes la decisión de aceptar que ¡fuiste creado para vencer!"

Pastor Carlos Concepción Jr.,
Iglesia Centro Cristiano Palabra De Empoderamiento
Rockford, IL.

"Definitivamente, Dios tiene un diseño para nuestra vida, lo que somos y seremos ya se encuentra escrito. Sin embargo, la concretización de ese diseño requiere de sacrificio y determinación. En mi experiencia de vida, me he percatado que no importa cuántos talentos, dones y habilidades tengamos, hace falta determinación para ver el cumplimiento de todo lo que el Señor ha dicho de nosotros. En esta obra literaria podrá encontrar las herramientas que le permitirán convertirse en todo aquello que el Señor lo ha llamado a ser. Podrá enriquecerse con conceptos que probablemente antes no había considerado. La autora explica la importancia de la definición y la decisión como base de la determinación. Nos enseña que debemos ser determinados, pero no sobre lo que queremos, sino sobre lo que podemos, y que sin una correcta decisión que nos lleve a accionar, no podremos alcanzar lo que es nuestro. Afirmando, además, que esta determinación debe siempre reposar sobre la instrucción de Dios y nuestra completa rendición a Su voluntad.

Este libro encuentra su valor incalculable en que su escritora, nuestra pastora Yesenia Then, es portadora de una autoridad irrefutable en aquello que el Espíritu Santo la ha inspirado a escribir. Hemos de notar cómo a través de la historia de personajes bíblicos ejemplifica todo lo que quiere transmitir, hasta llegar a su propio testimonio de vida. De esta forma, logra inspirar a los lectores con su propia determinación y sella estas páginas con el testimonio que, así como Dios lo hizo antes, también lo puede hacer hoy con cada uno de nosotros.

Griselda Urbaez,
Miembro de la Junta de Asesores del
Centro Cristiano Soplo de Vida (CCSV).

La pastora Yesenia Then, es uno de los regalos más hermosos que Dios le ha dado a nuestra generación. Una mujer que comparte una palabra transformadora y un testimonio inspirador. Hemos ministrado juntos en varias ciudades alrededor del mundo, pero su ministerio marcó mi vida cuando me invitó a uno de sus viajes misioneros.

Visitamos lugares olvidados por la sociedad y compartimos el mensaje de salvación con aquellos cuyas pruebas les han hecho perder la fe y la esperanza. Aquellos que han olvidado su propósito y su asignación aquí en la tierra.

Estoy convencido de que este libro "DETERMINADOS" es un manual transformador escrito por una mujer que en un momento determinado de su vida, Dios la hizo pasar por muy duros y difíciles procesos, para que de allí se levantara guiada por el Espíritu Santo, con la misión de sanar el corazón de una generación confundida, que necesita escuchar una palabra de parte de Dios que los confronte y los ayude a levantarse."

Robert Green,
Voz principal del Grupo Barak.

DEDICATORIA

A todos los que saben que han sido llamados a mucho más de lo que hasta ahora han podido experimentar, y que están dispuestos a pagar cualquiera que sea el precio para ser lo que, según el diseño de Dios para ellos, fueron llamados a alcanzar.

AGRADECIMIENTOS

A mi amado Dueño, Sustento, Guía y Ayudador. Al que ama mi alma, a Jesucristo, mi Salvador, por darme el gran privilegio de servirle con mi vida y poner a su servicio cada uno de mis días. ¡Te amo con todo mi corazón, amado Dios!

A mi amado esposo Joan Bonilla, mi compañero y gran apoyo, por estar siempre a mi lado y ser el gran soporte que eres en cada cosa que el Señor nos permite hacer.

A mis hijos, Maiky y Andy, por la paciencia, el respaldo y la comprensión que siempre muestran a la asignación que Dios nos ha encomendado. ¡Gracias tesoros de mi corazón, los amo!

A mi mano derecha y compañera fiel, Ana Karin Morillo, por su entrega, esfuerzo, dedicación y paciencia, siendo siempre parte importante no solo de cada libro escrito, sino también de cada proyecto que emprendemos.

Al Centro Cristiano Soplo de Vida (CCSV), una congregación que ama y le cree a Dios con todo su corazón. Es una honra para mí, ser el puente que Dios ha escogido para guiarlos. ¡Los amo muchísimo!

CONTENIDO

PRÓLOGO

$\mathcal{V}$ivimos en un mundo que nos ofrece un escenario de frustración y dolor, en vez de seguridad y paz. Un escenario que deja marcas y grietas en nuestro interior como resultado de las malas decisiones, y en algunos casos ni sabemos el por qué nos encontramos en esos difíciles escenarios que vivimos.

Hoy, esta obra te alumbra con estrategias, guía y dirección de cómo enfrentar esto que para muchos es difícil de creer, pero tan real que no se puede ocultar. Son armas efectivas y letales para destruir lo que se tejió en el inicio del Génesis y que está presente en nuestros días, con la intención de matar, robar y destruir nuestra vida, nuestra familia y todo lo que Dios nos ha permitido tener como bendición, tanto espiritual como física.

Dios como nuestro Creador, quiere que seamos determinados, decididos, definidos, valientes y esforzados. Pero por sobre todo espera que estemos alineados en lo que Él nos ha trazado.

La forma que el Señor ha establecido para que nos comuniquemos con Él, es a través de la oración, el arma más poderosa que tenemos. Es un puente de comunicación a través del cual recibimos consejo y sabiduría de Dios para cualquier área de la vida que la necesitemos. Cuando oras, el Señor cambia tu confusión por Su instrucción, tu turbación por Su dirección y tu debilidad por Su fortaleza.

Al analizar esta hermosa obra direccionada por el Espíritu Santo, a través de mucho esfuerzo, entrega y dedicación, encontramos respuesta de cómo debemos consultar a Dios en cada uno de los desiertos que Él nos permite atravesar y en los diversos procesos que aunque no siempre resultan ser agradables nos acercan a la madurez y al desarrollo integral que Dios espera que haya en cada uno de nosotros.

En el capítulo 3, la autora nos relata el momento cuando David le preguntó a Dios qué debía hacer exactamente ante una decisión difícil que tenía que tomar. Antes de accionar, David primero buscó el consejo y la instrucción de Dios, sin dejarse afectar por los hombres turbados de espíritu que estaban con él. Entonces David encontró en Dios la respuesta exacta de lo que debía hacer.

Con esta enseñanza la autora nos ayuda a entender, a través del Espíritu Santo, que una persona determinada es aquella que está definida, es decidida y muestra un enfoque constante en alcanzar lo que se ha propuesto. Sin embargo, nos lleva a la convicción de que es peligroso tener una decisión firme en alcanzar no solo lo que es malo, sino lo que, a pesar de ser bueno, puede no ser lo correcto.

Una de las herramientas más valiosas de este escrito es la forma como basada en la palabra de Dios, la autora nos recuerda que desde tiempos antiguos, el enemigo siempre ha demostrado que su manera de operar es atacando. Y que su intención de destrucción siempre viene envuelta en algún tipo de oferta, donde su deseo inicial no es pelear, sino hacer que te rindas. Por tal razón, una de las respuestas más letales para el enemigo es "no responderle". El silencio es un antídoto ante su veneno. Y si has de responder, hazlo a la manera de Cristo, por medio de la Escritura, tal como lo hizo Jesús al decir "ESCRITO ESTÁ". Es entonces cuando el texto nos lleva a cuestionarnos ante ciertos planteamientos como: "Cuándo eres atacado por algo o por alguien, ¿eres de los que reaccionan y se dejan provocar, o de los que ejercen el dominio propio y se saben manejar?"

Frente a este escenario, la escritora nos hace recordar que las personas reactivas son predecibles y generalmente terminan lamentando lo que, si hubiesen ejercido el dominio propio, hubiesen podido evitar.

El hecho de ser DETERMINADOS, nos equipa para que seamos hijos de Dios firmes y constantes, y que podamos vencer aquello que intente vencernos a nosotros. Porque si no lo vencemos con las estrategias y armas correctas, terminaremos siendo vencidos por aquello que no pudimos vencer.

Muchas son las riquezas que nos entrega el Espíritu Santo por medio de nuestra escritora, la pastora Yesenia Then. Por esto, a ti que tienes esta joya de Dios en tus manos para equiparte en este tiempo y los días venideros, te recomiendo no solamente leerla, sino analizar cada párrafo de este escrito para que interiorices cada estrategia y puedas llevarla a la acción y así te convertirás en una poderosa arma de Dios, dentro del arsenal que Él ha preparado para deshacer las obras de las tinieblas, en esta generación.

Pido al Espíritu Santo, el que nos guía a toda verdad, que te permita incorporar, aceptar y abrazar la oportunidad de ir en conquista, a los niveles de creer en el depósito de Dios en ti, donde Él te llevará a caminar, porque ha llegado la hora de ir en esa dirección apresuradamente.

—Cristina Beltre,
Voz oficial, de los discipulados del
Centro Cristiano Soplo de Vida (CCSV).

INTRODUCCIÓN

*D*esde que era apenas una niña, he visto de forma continua la importancia y el poder que tienen las palabras, no solo las que pronunciamos, sino también las que escuchamos. Motivo por el cual estoy convencida de que toda persona que lee este libro, en algún momento de su vida se ha sentido desmotivada por algo que le han dicho, así como también ha sido motivada por causa de lo mismo.

De hecho, algunos por la constante motivación que han recibido de otros, han alcanzado grandes logros, metas y objetivos en la vida. En cambio otros, por haber sido desmotivados por palabras que alguien emitió contra ellos, han puesto en pausa su destino y han frustrado la posibilidad de alcanzar aquello, que si se hubiesen mantenido avanzando, hubiesen podido lograr.

Sin embargo, pese al valor que tiene la motivación, el propósito principal de este libro no es solo motivarte para que alcances cosas, sino equiparte con las herramientas y el nivel de determinación necesario para que puedas conquistar lo que es correcto y conveniente para ti, según los planes que Dios tiene contigo. Y esto sin que dependas de lo que otros te digan o dejen de decir; sin que te afecte lo que algunos piensen de ti y sin que te intimides por causa de los obstáculos que puedas tener frente a ti. Ya que como te mostraremos en este escrito (totalmente basado en la Palabra de Dios) el único respaldo que realmente necesitas ya lo tienes, y lo verdaderamente indispensable para ser lo que el Señor quiere que seas, ya lo llevas dentro. Lo que para mostrarte, hemos tomado como ejemplo algunos personajes bíblicos, que bajo diversas circunstancias, presiones y dificultades manifestaron un nivel de determinación que los llevó a saltar los límites, quebrantar la intimidación y no dejarse vencer por la opresión. Como es el caso de Jacob, David, el rey Ezequías, entre otros.

Oramos para que el Señor utilice este libro para ayudarte a seguir dando pasos hacia delante dentro de la ruta correcta, pero también para que puedas desarrollar un nivel de determinación tan sólido que te permita dar los giros necesarios, si estás en "modo avance" pero no en la dirección correcta. Ya que solo de esta manera al llegar al final del camino, al igual que el apóstol Pablo, podrás decir:

"He peleado la buena batalla, he acabado la carrera, he guardado la fe. Por lo demás, me está guardada la corona de justicia, la cual me dará el Señor, juez justo, en aquel día; y no sólo a mí, sino también a todos los que aman su venida". 2 Timoteo 4:7-8 (RVR1960)

¿Estás listo para esta experiencia de equipamiento? ¡Entonces iniciemos!

CAPÍTULO 1

LA DETERMINACIÓN
Y SUS BASES

*L*o que tus hechos revelan, es más importante que lo que tus palabras expresan; porque siempre será más fácil emitir palabras que demostrar acciones.

La mayoría de las personas sueñan con ser mejores y convertirse en todo lo que Dios desea que ellos sean, pero el hecho de cumplir con la voluntad de Dios para nosotros, requiere más que un simple deseo, requiere de una decisión basada en determinación. Es decir, no una decisión de momento, sino una que permanezca en el tiempo.

Durante los años que llevo en el ministerio, he visto a muchas personas tomar muy buenas decisiones y comenzar a hacer cosas muy valiosas, pero a muchos les ha faltado la determinación para mantener tales decisiones y llevar a la culminación de los procesos, sus buenas acciones.

Por más de una ocasión en cada principio de año, he visto a muchos llenar agendas con planes de cambios, que de haber llevado a cabo les habrían hecho personas más sabias, sanas, organizadas, productivas y fructíferas. Pero, así como es más fácil hablar, que demostrar; es también más fácil escribir, que desarrollar; soñar, que ejecutar; iniciar, que terminar.

La mayoría de personas aman tomar atajos. Es decir, tomar caminos cortos y rutas fáciles para llegar donde se han propuesto ir. Pero en el camino hacia lo que Dios trazó para nosotros, no hay atajos que nos lleven donde valga la pena ir. Porque las dificultades, los obstáculos y los procesos son parte inherente del trayecto y solo venciéndolos podremos, no solo alcanzar aquello para lo cual el Señor nos alcanzó, sino también ser procesados para manejar las cosas del modo indicado. Porque el hecho de tener una casa nueva, no significa tener un nuevo hogar. Tener ropa nueva, no es tener un cuerpo nuevo. Tener un nuevo vehículo, no hace que el chofer sea diferente. Y tener una agenda llena de planes y buenos deseos, no implica que los vayamos a ver hechos realidad a menos que nos esforcemos, y trabajemos arduamente hasta que dichos planes se manifiesten.

> *En el camino hacia lo que Dios trazó para nosotros, no hay atajos que nos lleven donde valga la pena ir.*

No conozco a una sola persona que haya llegado a un nivel de crecimiento y desarrollo que les haya convertido en un ejemplo de inspiración a los demás, qué primero no haya tenido que esforzarse y sacrificar muchas cosas, para poder llegar donde está. Sin embargo, el no esforzarnos por ser todo lo que según el diseño de Dios podemos ser, también tiene un precio muy alto; la diferencia es que uno se paga primero y el otro se paga después; uno trae grandes recompensas y el otro trae amargas consecuencias, uno nos hace ser ejemplo e inspiración porque decidimos invertir nuestra vida; y otro servir como referencia de alguien que pudo ser mejor, pero en vez de esto decidió solo existir en la vida.

Por tanto, en vez de vivir solo para desear cosas, trabaja para llevarlas a la realización. No inicies cosas por emoción, sino con la entereza y la determinación que te permita llevar tales cosas a su debida culminación.

La definición como base de la determinación

La determinación, está fundamentada sobre dos bases específicas que son la definición y la decisión. La definición se fundamenta en la precisión, y por causa de no tener una definición concreta, muchos basan sus iniciativas y acciones en premisas falsas e incorrectas, como las siguientes:

"Yo puedo ser lo que yo quiera ser". Cuando está más que comprobado que no podemos ser lo que queremos, sino lo que podemos.

"Yo soy mejor que otros". Ignorando que según el diseño que Dios ha dado a cada uno, ninguno es mejor que otro. Sino que todos somos diferentes y estamos diseñados para ser efectivos en áreas distintas. En este punto, cabe destacar que ni la utilidad ni la verdadera productividad de nuestras vidas, se define por la cantidad de cosas que alcanzamos, por las posiciones que ocupamos, por los recursos que tengamos, por los conocimientos que adquiramos ni por la popularidad que logramos. Sino en que tanto podamos cumplir

No inicies cosas por emoción, sino con la entereza y la determinación que te permita llevar tales cosas a su debida culminación.

con las expectativas que tiene nuestro Creador acerca de nosotros, durante el tiempo de vida que nos ha concedido para existir. Por lo que no en vano dijo el salmista: *"Enséñanos de tal modo a contar nuestros días, que traigamos al corazón sabiduría"*. Salmo 90:12 (RVR1960)

Sin embargo, algunos quizás pensarán: Pero, ¿Cuáles expectativas puede Dios tener de mí? Y si esta ha sido tu reacción la comprendo perfectamente, porque la mayoría de nosotros hemos crecido teniendo muchas expectativas de Dios, pero ignorando que Él también tiene expectativas acerca de nosotros. Lo que para poder comprender mejor, te presento uno de los tantos textos que la Biblia nos muestra al respecto:

> *"Porque el reino de los cielos es como un hombre que, yéndose lejos, llamó a sus siervos y les entregó sus bienes. A uno dio cinco talentos, y a otro dos, y a otro uno, a cada uno conforme a su capacidad; y luego se fue lejos"*. Mat. 25:14-15 (RVR1960)

Las parábolas, son figuras literarias que expresan una comparación de lo dicho a través de ella, con la realidad que se pretende comunicar a los oyentes. Por lo que en esta parábola dicha por Jesús:

➢ **El reino de los cielos:** Simboliza el gobierno de Dios y el modo como el Señor ejerce su gobierno sobre los que son de Él.

➢ **Llamó a sus siervos y les entregó sus bienes:** Esto revela que, ante los ojos de Dios, nosotros no somos dueños o señores de nuestra vida; sino servidores del Dador de la vida y propiedad del Señor de señores; y que así como nosotros le pertenecemos, también todo lo que tenemos es propiedad de Él.

> ➤ **A uno dio cinco talentos, a otro dos, y a otro uno, a cada uno conforme a su capacidad:** aquí queda demostrado que no a todos el Señor nos ha dado lo mismo. Por lo que no de todos, Él espera lo mismo. Sin embargo, absolutamente todos hemos recibido algo, con lo que podemos ser útiles y productivos en el tiempo de vida que se nos ha sido permitido.

De igual manera, esta parábola revela que según lo que cada uno recibió, debió presentar los resultados de lo que produjo, con lo que se le entregó. Así que el que había recibido cinco talentos, devolvió diez; el que había recibido dos, devolvió cuatro; y el que había recibido uno, por haberse dejado vencer por el miedo, lo enterró. (vv. 16-18)

Cuando llegó el momento de rendir cuentas, según lo que cada uno le devolvió al Dador de los talentos, fue reconocido o reprendido por este. Así que tanto el que entregó diez talentos como el que entregó cuatro, fueron considerados siervos exitosos y productivos por su Señor.

El Dador de los talentos no esperaba el mismo resultado de cada uno de ellos, porque no les había dado lo mismo. Así que los dos primeros devolvieron lo que produjeron conforme a lo que cada uno recibió, y el Dueño estuvo satisfecho. Porque no esperó diez, del que había recibido dos, como tampoco esperaba cuatro, del que había recibido cinco. En otras palabras, la capacidad de producción entre uno y otro no era igual. Por ende, la forma de medir si fueron verdaderamente efectivos, tampoco era igual.

Porque Dios no espera que le demos más de lo que podemos, pero tampoco se conformará con menos de lo que debemos. Y esto queda perfectamente evidenciado en lo que pasó con el siervo a quien solo se le dio un talento, y por haberlo enterrado se le consideró como malo y negligente y fue reprendido severamente por su Señor.

Partiendo de esto, es de vital importancia considerar que nuestro paso por la tierra no es eterno, sino temporal; que se trata de un tiempo con fecha de vencimiento durante el cual hay cosas específicas que según las expectativas de nuestro Hacedor, tenemos que realizar. Porque algún día tendremos que mirarle la cara a nuestro Dueño, a quien no impresionaremos por méritos humanos y al que solo agradaremos habiendo vivido para multiplicar y ser productivos con lo que de parte de Él, hemos recibido.

> *Dios no espera que le demos más de lo que podemos, pero tampoco se conformará con menos de lo que debemos.*

Así que tan importante como saber lo que somos, es comprender lo que no somos. Tan valioso como entender lo que tenemos, es admitir lo que no tenemos. Y tan necesario como ser determinados en convertirnos en lo que fuimos creados para ser, es no empecinarnos en lo que no fuimos llamados a ser. Porque sin importar cuánto nos esforcemos por conseguir cosas que no están acorde con las expectativas de nuestro Dueño, dichos esfuerzos son considerados como nada delante de Él.

"El que permanece en mí, y yo en él, producirá mucho fruto, pues separados de mí, ustedes nada pueden hacer". Juan 15:5 (PDT)

En este punto, quizás dirás: "Conozco a muchos que, estando separados de Dios, hacen y logran muchas cosas", y aquí precisamente es donde radica el problema. Ya que si todas esas cosas (sin importar lo grande o relevante que parezcan) no están en coherencia con el propósito de vida que nos ha dado el Señor, simplemente son vistas como "nada" delante de nuestro Creador.

La decisión como base de la determinación

El segundo pilar sobre el cual se basa la determinación, es la decisión. La que como dijimos al principio del capítulo, te lleva a accionar y no solo a desear. Pero tanto la definición como la decisión, son importantes, de hecho se complementan. Porque si no estamos definidos no tendremos el norte correcto; y si estamos definidos pero no decididos, seremos semejantes al viajero que tiene la dirección exacta del lugar a donde debe llegar, pero no se dispone a emprender la marcha para hacer realidad su llegada a dicho lugar.

Todo lo que hoy existe, en algún momento fue solo un sentir, una idea o un pensamiento que tuvo que llevarse a la acción por medio de una decisión. Mucho de lo que vemos, no hubiese existido si solo se queda siendo considerado y no ejecutado por la persona que lo llevó a cabo, y aunque esto tiene dos vertientes que son: las cosas que se han realizado y han traído bienestar y buenos resultados, como las cosas que se han llevado a cabo y han producido fuertes daños y grandes agravios. Pero algo tienen en común tanto las buenas como las malas decisiones que tomamos, y es que ambas producen resultados. Por lo que, por causa de haber tomado malas decisiones, muchos están enfrentando amargas consecuencias y por causa de haber tomado buenas decisiones, muchos están disfrutando grandes recompensas.

Mucho de lo que vemos, no hubiese existido si solo se queda siendo considerado y no ejecutado por la persona que lo llevó a cabo.

En este punto, te invito a tomar un momento para pensar, ¿cuáles son las decisiones que estás tomando y hacia donde dichas decisiones te están llevando?

Las decisiones que generalmente tomamos están orientadas hacia una de las siguientes vertientes:

> ➤ Decido hacer lo que quiero (y me atengo a las consecuencias).

➤ Decido hacer lo que debo (y me enfoco en las recompensas).

➤ Decido no hacer lo que quiero (por miedo a las consecuencias).

➤ Decido no hacer lo que debo (porque no tengo
las fuerzas).

➤ Para poder hacer lo que debo, primero tengo que tener lo que no tengo (ministerio, casa propia, pareja,
hijos, ascenso, dinero, negocio).

¿En cuál de estas vertientes te encuentras tú, con respecto
a las decisiones que tomas? Es mi oración y es mi deseo que
estés entre aquellos que deciden hacer lo que deben y se en-
focan en la recompensa. Sin importar lo que les falte o lo que
aún no sean. Ya que, entre las trampas más comunes del adversario, está el hecho de hacer que la gente se estanque bajo
premisas como estas:

"Quiero hacer lo que debo, pero nadie me apoya y no tengo
los recursos que necesito para poder hacerlo". Argumento
que bajo ninguna circunstancia se justifica, ya que como pudimos observar en la parábola de los talentos, los que multi-
plicaron lo que habían recibido, no lo hicieron porque se les
apareció una caravana de personas ofreciéndoles sus servicios y poniéndose a su disposición para lo que ellos necesi-
taran. Sino porque decidieron ser productivos con lo que les
fue dado; y por causa de su diligencia y esfuerzo, lo que les
fue dado, fue multiplicado.

Por tanto, no esperes que llegue de fuera lo que ya tú llevas dentro, ni esperes tener todos los recursos que necesitas para comenzar lo que debiste haber iniciado hace tiempo. Porque solo cuando decides ser productivo con lo que tienes, serás provisto de aquello que te hace falta.

Ahora bien, esto no implica que no haya momentos en los que vas a necesitar personas para que te ayuden con ciertas cosas, pero sí significa que no debes turbarte por aquellos que no quieran ser parte de lo que debes ejecutar. Porque el Dios que da la misión, los dones y los talentos también se encarga de patrocinar todo lo que sea necesario para que dicha misión tenga su debido cumplimiento.

En otro orden, si eres de los que esperan que acontezca lo que aún no ha pasado para cumplir con lo que te ha sido asignado, debo recordarte que tu oportunidad de manifestar lo que eres no se encuentra en un destino específico, sino que está implícita y esperando que la aproveches en cada paso que das mientras te mueves allí.

Por lo que cada día, sin importar el lugar o las circunstancias en que te encuentres puedes hacer algo para cumplir con la asignación que te fue otorgada. No tienes que esperar tener lo que no tienes, porque mientras eso llega hay algo que si posees y lo puedes usar para servir de bendición a los demás; tampoco tienes que esperar ser lo que no eres. Porque desde la estación donde te encuentras ahora, hay cosas muy valiosas que puedes hacer, que posiblemente no podrás llevarlas a cabo en la estación próxima a la que seas movido.

Por tanto, tal como dijo el muy reconocido autor y mentor de grandes líderes alrededor del mundo John C. Maxwell, el éxito y la verdadera productividad en la vida se basan en: **"Hacer todo lo que puedes, con lo que tienes, en el lugar donde estás".** Al considerar esta poderosa frase de manera detallada, obtenemos lo siguiente:

HAZ TODO LO QUE PUEDES: En vez de enfocarte en lo que no puedes hacer, identifica todas las posibilidades que sí tienes. No desaproveches ninguna oportunidad de aprender, de formarte, de corregir lo que tengas que corregir, de dar lo mejor de ti en cada cosa que haces y dejar huellas de bendición que marquen para bien la vida de los demás.

Son muchas las personas que se sienten frustradas continuamente porque entienden que el Señor no les contesta sus peticiones, porque según ellos no ven ningún cambio con respecto a la situación actual que están atravesando a pesar de que hacen grandes esfuerzos por servir y agradar a Dios de varias formas. Respecto de lo cual, debo decir que es verdad. A veces por más que oramos a Dios pidiendo que nos permita hacer ciertas cosas, Él no nos responde o simplemente lo hace de un modo diferente de como nosotros esperamos que lo haga. ¿Por qué? Porque Dios no nos llevará a más, si en el estado actual en que estamos no hemos sido lo suficientemente efectivos.

Si estás pidiendo algo nuevo y Dios no te lo da, es porque en la situación actual en la que estás, aún hay cosas que pudiendo hacerlas, no las has hecho. Por lo que a veces la oración más sabia que podemos hacer, no es: "Señor muéveme a lo próximo". Sino: "Señor hazme ver y entender lo que esperas de mí en este tiempo y en esta determinada estación en la que me encuentro".

CON LO QUE TIENES: A todos nos resulta mucho más fácil quejarnos y lamentarnos por las cosas que no tenemos, que valorar y ser agradecidos por aquello que sí tenemos. Es por esto, que muy pocas veces nos sentimos satisfechos con las cosas que poseemos y muy a menudo, olvidamos que así como nosotros nos enfocamos en observar y desear lo que tienen otros, hay muchos que observan y desean lo que tenemos nosotros. Y que posiblemente ellos, con solo una cuarta parte de lo que tenemos, estuviesen haciendo mucho más que nosotros, con todo lo que poseemos.

> *Dios no nos llevará a más, si en el estado actual en que estamos no hemos sido lo suficientemente efectivos.*

Así que en vez de comparar lo que tienes con lo de los demás; valora, trabaja, cuida y protege lo que es tuyo y hazlo desarrollar. En ese mismo orden, resulta muy interesante considerar que muchas de las cosas que hoy tenemos, años atrás eran solo sueños. Eran metas por alcanzar, pero ya las alcanzamos. Eran peticiones por las que continuamente orábamos, pero ya son manifestaciones del favor y la gracia del Señor para con nosotros.

Es decir, que antes anhelábamos lo que tenemos, pero hoy no lo valoramos porque hay otras cosas que queremos. Ahora imagina solo por un momento lo difícil que es estar al lado de alguien que magnifica lo que no tiene y minimiza lo que sí tiene, que continuamente se queja por sus carencias pero que escasamente agradece por sus provisiones. ¿Ya lo pensaste? Bueno, pues ahora te tengo que decir que tales características no solo definen a la persona en la que pudiste haber pensado, sino que son las que en muchas ocasiones, también te definen a ti. Por tanto, cambia la queja por gratitud y en vez de enfocarte en lo que no tienes, agradece por todas las cosas que te han sido dadas en abundancia.

EN EL LUGAR DONDE ESTÁS: Cada lugar por donde pasas, tiene potencial para enseñarte algo y está dispuesto a que tú también le aportes algo. Pero esto no lo podrás apreciar, si en vez de comprender que no estás ahí por casualidad, te cierras ante la posibilidad de que Dios use lo que hay en ese determinado lugar para formarte y que te use a ti, para mejorar según tu posibilidad, aquello a lo que se te ha dado acceso estando allí.

Porque a veces Dios permite que estemos en un lugar específico para mostrarnos cómo las cosas se hacen, pero otras veces nos permite estar en ciertos lugares, para que aprendamos cómo no deben hacerse.

> *Cada lugar por donde pasas, tiene potencial para enseñarte algo y está dispuesto a que tú también le aportes algo.*

Por tanto, no olvides que es peligroso moverte de un lugar donde el Señor te quiere tener, antes del tiempo señalado por Él. No te muevas de un lugar solo porque quieras hacerlo o porque sencillamente lo consideras conveniente para ti. No actúes por impulso ni te muevas por la presión que otros te estén poniendo para que tomes esa decisión; y si te encuentras confundido y no sabes que hacer, ora a Dios y recuerda que Él ha prometido guiarte y hacer que entiendas cuál es Su voluntad, en todo lo que vayas a hacer.

> *"Yo te voy a instruir; te voy a enseñar cómo debes portarte. Voy a darte buenos consejos y siempre voy a cuidar de ti".* Salmo. 32:8 (TLA)

Además, el Señor siempre te respaldará en el lugar donde Él ha decidido que estés y cuando llegue el momento para que seas movido de allí, Él también lo ha de hacer. Pero mientras ese momento llega, espera. Porque siempre será mejor tener el respaldo y la aprobación de Dios en un desierto, que vivir en un palacio sin su guía, dirección y sustento.

La determinación versus la obstinación:

Dios como nuestro Creador quiere que seamos determinados, decididos, definidos, valientes y esforzados. Pero sobre todo espera que estemos alineados en lo que Él ha trazado para nosotros y no en lo que nosotros hemos propuesto para nosotros mismos. Porque el hecho de empecinarnos en cosas que no tienen que ver con el propósito de Dios, a la luz de la Palabra no es determinación sino obstinación; y esto es lo que la Biblia nos dice con respecto a esto: *"... Negarse a obedecer a Dios es tan malo como la brujería; y ser tercos y hacer la voluntad propia, es como el pecado de idolatría".* 1 Samuel 15:23 (PDT)

Por otro lado, la Palabra del Señor también nos habla con respecto a la determinación, diciendo: *"No se ha vuelto atrás nuestro corazón, ni se han desviado nuestros pasos de tu senda".* Sal. 44:18 (RVR1960)

Por lo que, si estás convencido de que vas en la dirección correcta, no escatimes nada con tal de que sea mostrado en ti, aquello que Dios espera de ti; tal como lo hizo Jacob el personaje que veremos a continuación.

CONSIDERA ESTO:

Si respondieras de forma verdaderamente honesta a esta pregunta: ¿Qué es más importante para ti, los planes de Dios para tu vida o tus propios planes? ¿Cuál sería tu respuesta?

Si el tiempo de dar cuenta a tu Hacedor por la vida que te dio y los talentos que te entregó, fuera hoy, ¿crees que serías considerado como productivo, o por el contrario, serías reprendido por el Señor?

En cuál de las partes de la frase: "Haz todo lo que puedes, con lo que tienes, en el lugar donde estás", debes reforzar la forma cómo te estás manejando en los actuales momentos.

PRINCIPIOS DEL CAPÍTULO

1. Lo que tus hechos revelan es más importante que lo que tus palabras expresan. Porque siempre será más fácil emitir palabras que demostrar acciones.

2. El verdadero éxito de nuestra vida se basa en que tanto podamos cumplir con las expectativas que tuvo nuestro Creador de nosotros, al momento de crearnos.

3. Nuestro paso por la tierra no es eterno, sino temporal. Se trata de un tiempo con fecha de vencimiento durante el cual hay cosas específicas que según las expectativas de nuestro Dueño, tenemos que realizar.

4. El Dios que da la misión, los dones y los talentos también se encarga de patrocinar todo lo que sea necesario para que dicha misión tenga su debido cumplimiento.

5. Dios como nuestro Creador quiere que seamos determinados, decididos, definidos, valientes y esforzados. Pero sobre todo espera que estemos alineados en lo que Él nos ha trazado.

CAPÍTULO 2

NECESITAS UN CAMBIO

A todos en algún momento de la vida nos ha tocado enfrentar situaciones difíciles y abrumadoras en las que a veces parece no haber una salida viable. Todos en algún tiempo nos hemos sentido incomprendidos, maltratados, abusados, abandonados, decepcionados o abatidos. Y aún peor que esto, es que en algunos casos dichas situaciones son tan recurrentes y persistentes que pareciera como si estuviésemos destinados a vivir todo el tiempo haciendo frente a lo mismo. Es aquí donde muchos optan por adoptar la posición de víctimas, otros por descargar la culpa de su situación en alguien más y algunos adjudican los desastrosos acontecimientos de sus vidas a Dios, y en la mayoría de los casos, a Satanás.

Pero tales batallas no fueron parte del diseño original de Dios para el hombre, porque el hombre que Él creó era perfecto. No había pecado en él, por tanto, no tenía que sufrir las consecuencias del mismo, hasta que instado por Satanás desobedeció al mandato que Dios le dio, de no comer del árbol de la ciencia del bien y del mal.

Pero ¿por qué quiso Satanás que Adán y Eva desobedecieran? Porque para ese entonces ya había sido arrojado del cielo por hallarse en él maldad, y generalmente los que caen en una posición de deshonra, les gusta arrastrar a otros a lo mismo, para de esa manera utilizar ante quienes han desobedecido, un argumento que les sirva como "sustento" para mostrar que no son los únicos que fallan, porque otros también piensan y actúan igual.

Sin embargo pese a que el ser humano le falló a su Creador, haciendo lo que Él dijo que no debía hacer, Dios no lo desechó, sino que tuvo misericordia del único ser creado a imagen y semejanza de Él, y desde aquel mismo momento, dio al hombre una vía alterna de arrepentimiento y una promesa de restauración permanente para tal daño, por medio de Jesucristo la simiente de la mujer, mencionada por primera vez en el libro de Génesis, capítulo tres.

> *"Pondré enemistad entre tú y la mujer, y entre tu simiente y la de ella; su simiente **te aplastará la cabeza,** pero tú le morderás el talón del pie"*. Génesis 3:15 (CST)

Pero a pesar de haberle dado tal promesa y haberle provisto una vía de consagración y arrepentimiento, ya la naturaleza del hombre estaba corrompida, el pecado era parte de su vida y a partir de ese tiempo sus más fuertes batallas no vendrían desde fuera, sino de la naturaleza pecaminosa que llevaba dentro; la que al ser incitada por Satanás hace que los designios del corazón del hombre, estén continuamente inclinados a la maldad. Por lo que el mejor aliado del adversario a la hora de llevar a cabo su plan de destrucción basado en robar, destruir y matar (ver Juan 10:10), es el hombre controlado por su

Pese a que el ser humano le falló a su Creador, haciendo lo que Él dijo que no debía hacer, Dios no lo desechó.

naturaleza carnal y pecaminosa. De hecho, tres son los enemigos con los que continuamente debemos batallar: la carne, el mundo y Satanás.

La carne: *"Porque los que viven conforme a la carne, ponen la mente en las cosas de la carne, pero los que viven conforme al Espíritu, ponen la mente en las cosas del Espíritu".* Romanos 8:5 (LBLA)

El mundo: *"En los cuales anduvisteis en otro tiempo según **la corriente de este mundo**, conforme al príncipe de la potestad del aire, el espíritu que ahora opera en los hijos de desobediencia".* Efesios 2:2 (RVR1960)

Satanás: *"La batalla que libramos no es contra gente de carne y hueso, sino contra principados y potestades, contra los que gobiernan las tinieblas de este mundo, ¡contra huestes espirituales de maldad en las regiones celestes!"* Efesios 6:12 (RVC)

Sin embargo, es importante aclarar que el responsable de los problemas y conflictos que enfrentamos no siempre es Satanás. Ya que aunque él puede sugerirnos pecar tentándonos con lo que el mundo ofrece, no puede seducirnos a menos que nosotros nos dejemos seducir. Porque tenemos voluntad propia y no estamos a su merced; así que aunque puede tentarnos, no puede obligarnos a hacer las cosas a la manera de él. Ya que a pesar de que fallamos, Dios ha dejado su imagen plasmada en nosotros, por lo que tenemos capacidad de escoger, entre sucumbir en lo que está mal o hacer lo que está bien.

Entonces, ¿quién es el verdadero responsable de las luchas y batallas que enfrentamos? Para poder responder a esto, es importante que consideremos cuál es la verdadera raíz de tales luchas; y una vez que la hayamos identificado, hacerles frente del modo indicado.

Identificando la fuente del conflicto:

Muchas personas continuamente se preguntan: ¿Por qué tengo que estar peleando con lo mismo siempre? ¿Por qué otros alrededor de mí avanzan y se superan, mientras yo siempre estoy batallando con las mismas cosas? La respuesta a esto es, que hay cosas que hasta que no las arrancamos desde la raíz, siempre se van a volver a erigir.

Sin embargo, muchos en vez de reconocer esto, prefieren vivir señalando continuamente a los supuestos culpables de su calamidad. Pero tomar una posición de víctima, no lo resolverá. Descargar la culpa sobre otros, no lo mejorará. Señalar como responsable a Dios, no nos ayudará; y decir que lo que hacemos es por los ataques que recibimos de Satanás, simplemente nos hundirá más.

Dichos conflictos, tampoco los resolveremos huyendo o simplemente negándonos a enfrentarlos, sino reconociendo que hay algo que debemos identificar para poder sanar; atacar para poder cambiar y superar para no seguir sucumbiendo ante lo mismo.

La mayoría de las personas disfrutan que se les halague, pero rechazan que se les confronte. Hacen alarde de sus fortalezas, pero no les gusta reconocer sus errores. Ignoran que una confrontación siempre tendrá mucho más valor que un halago. Porque tus fortalezas hablan de lo que dominas, pero tus fallas continuas, hablan de lo que te domina a ti.

No todos tenemos las mismas deficiencias, así como no todos somos tentados con lo mismo. Pero entre la larga lista de situaciones que nos estancan e impiden nuestro crecimiento, llevándonos a enfrentar situaciones difíciles y conflictos continuos, están las siguientes:

> *Tus fortalezas hablan de lo que dominas, pero tus fallas continuas, hablan de lo que te domina a ti.*

1. **La falta de carácter:** que nos impide reconocer cuando nos equivocamos, y nos lleva a querer justificar lo que hacemos mal. En vez de ser humildes y simplemente decir: "Reconozco que me equivoqué. No debí hacer lo que hice. Definitivamente me manejé mal".

2. **La arrogancia:** que nos hace sentir que somos más que los demás; y nos lleva no solo a desvalorizar lo que otros son, sino también a denigrar lo que ellos hacen.

3. **La altanería:** la cual nos lleva a pensar que merecemos absolutamente todo y nos impide valorar y honrar a aquellos que nos sirven, nos ayudan y se entregan a nosotros.

4. **El egoísmo:** el cual se manifiesta en la insensibilidad que muchas veces mostramos ante las necesidades de otros, mientras que somos altamente demandantes en lo que tiene que ver con nosotros. Sin que nos importe a quién con dicha actitud, podamos perjudicar.

5. **La falta de perdón:** que representa el peso destructor que muchos deciden cargar, y que ocasiona un daño mayor para quienes han sido dañados y se niegan a perdonar, que para las personas que han ocasionado dicho mal.

6. **La ira y el enojo:** que hace que seamos personas carentes de dominio propio e incapaces de aguantar presión. Causa por la que cometemos grandes errores, hacemos que algunos se alejen de nosotros y que muchos, incluso caigan en la autodestrucción.

7. **La crítica y la murmuración:** causa por la que queremos señalar y ridiculizar todo. Incluso las cosas que se suponen que mantengamos bajo discreción, las contamos a otros sin que nos importe el daño que esto implique para las personas involucradas en tales asuntos. Todo por causa de querer satisfacer nuestra necesidad carnal y destructiva de alimentar ese espíritu de crítica y murmuración.

8. **La rebeldía y la falta de sumisión:** que hace que no toleremos que otros nos digan lo que debemos hacer y que busquemos rebelarnos y atacar, antes que dejarnos formar y guiar.

9. **La mentira y el engaño:** porque sentimos que tenemos la necesidad de impresionar a otros con lo que no somos, o haciendo que piensen que tenemos lo que realmente no tenemos. En otras palabras, mentimos porque disfrutamos el hecho de engañar y hacer que los demás piensen acerca de nosotros, lo que no es parte de nuestra verdad.

10. **Los celos y la envidia:** porque no toleramos ver a alguien que haga lo que nosotros no hemos podido, o que alcance lo que ya a nosotros nos ha sido atribuido. Pensando que los únicos que tenemos que ser reconocidos somos nosotros. Ignorando que, en la carrera de la vida, nuestra competencia no es con otros, sino con nosotros mismos, y que lo que debemos perseguir cada día no es el avance de otros, sino la manifestación del diseño que Dios trazó para nosotros. Algo que solo seremos capaces de lograr, cuando tomemos la firme decisión de enfocarnos en nuestro crecimiento continuo, y dejemos de sentirnos afectados por lo que hacen y alcanzan los demás.

La lista de causas por las que a veces nos encontramos enfrentando situaciones adversas, es mucho más larga que esta. Pero sin importar cuál de todas sea la raíz del problema que enfrentas, o si dentro de esta lista no se encuentra; la forma más sabia, efectiva y productiva de hacer frente a cualquiera que sea la situación que tengas que manejar, siempre será a través de: IDENTIFICAR, ATACAR Y SUPERAR.

El mal que no reconocemos, nunca lo superaremos

Jamás podrás superar lo que no reconoces que debes cambiar; y uno de los ejemplos más fuertes sobre esta verdad, lo hallamos en la historia del patriarca Jacob. A quien el ángel del Señor le salió al encuentro mientras iba de camino a reunirse con su hermano Esaú, luego de aproximadamente veinte años de no haberle visto.

> *"Así se quedó Jacob solo; y luchó con él un varón hasta que rayaba el alba. Y cuando el varón vio que no podía con él, tocó en el sitio del encaje de su muslo, y se descoyuntó el muslo de Jacob mientras con él luchaba. Y dijo: Déjame, porque raya el alba. Y Jacob le respondió: No te dejaré, si no me bendices.* **Y el varón le dijo: ¿Cuál es tu nombre? Y él respondió: Jacob.** *Y el varón le dijo: No se dirá más tu nombre Jacob, sino Israel; porque has luchado con Dios y con los hombres, y has vencido".* Génesis 32:24-28 (RVR1960)

Jamás podrás superar lo que no reconoces que debes cambiar.

En este pasaje, la Biblia relata uno de los acontecimientos más relevantes de la vida del nieto de un hombre a quien Dios lo había considerado su amigo, cuyo nombre era Abraham (ver Isaías 41:8).

En el libro de Génesis capítulo 12, vemos como Dios le habló a este hombre y le dijo que saliera del lugar donde se hallaba porque haría de él una gran nación; cuando él hubo abandonado su tierra, el Señor confirmó la promesa que le había dado y fue tan grande, que todos sus años de vida no fueron suficientes para que él pudiera ver, lo que el Señor le dijo que había de hacer. Así que dicha promesa no solo involucraba a Abraham, sino también a su descendencia. (Ver. Génesis 13:14-16) Y aunque su esposa Sara era estéril cuando ambos recibieron la promesa, el Señor quebró la esterilidad de Sara e hizo que ella le diera a luz un hijo, al cual pusieron por nombre Isaac.

Años más tarde, cuando muere Abraham, Dios confirma el pacto que había hecho con Él, a su hijo Isaac. Pero Rebeca la esposa de Isaac, también fue atacada con espíritu de esterilidad. Sin embargo, cuando Dios da una promesa, no hay nada ni nadie capaz de detenerla. Así que el Señor visitó a Rebeca la esposa de Isaac, tal como lo había hecho con Sara la esposa de Abraham. Mas estando ella embarazada, tuvo que consultar a Dios, por causa de la lucha que había en su vientre.

> *"Y los hijos luchaban dentro de ella; y dijo: Si es así, ¿para qué vivo yo? Y fue a consultar a Jehová; y le respondió Jehová: Dos naciones hay en tu seno, Y dos pueblos serán divididos desde tus entrañas; El un pueblo será más fuerte que el otro pueblo, Y **el mayor servirá al menor**. Cuando se cumplieron sus días para dar a luz, he aquí había gemelos en su vientre. Y salió el primero rubio, y era todo velludo como una pelliza; y llamaron su nombre Esaú. Después salió su hermano, trabada su mano al calcañar de Esaú; y **fue llamado su nombre Jacob.** Y era Isaac de edad de sesenta años cuando ella los dio a luz".* Génesis 25:22-26 (RVR1960) Énfasis añadido.

En el contexto bíblico, el nombre de una persona simboliza tres cosas esenciales que son: destino, marca y esencia. El nombre "Jacob" según la traducción del idioma hebreo es "el que toma por el talón, el que suplanta o el que quiere ocupar una posición que no le pertenece". Por lo que precisamente a base de engaño, él había tomado la primogenitura de su hermano Esaú, sin que esto fuera necesario. Ya que desde antes que él naciera, Dios había determinado que el mayor serviría al menor, sin que el menor tuviese que hacer nada para que dicha promesa se cumpliera. Porque no se trataba de un capricho de hombre, sino que había sido determinado por Dios, en quien no hay doblez ni sombra de variación. Por lo que cuando Dios nos da una promesa, no tenemos que forzar ni manipular, porque el hecho de hacerlo no solo nos llevará a dañarnos a nosotros, sino también afectar en algún modo la vida de otros. Esto precisamente fue lo que aconteció con Jacob, quien luego de haber recibido a base de engaño la bendición de su padre para el primogénito, afectó el corazón de su hermano Esaú, quien luego de esto se llenó de amargura y quiso matarlo (ver. Génesis 27:41-43).

Cuando Dios nos da una promesa, no tenemos que forzar ni manipular.

Este acontecimiento en particular de la vida de Jacob, lo mencionamos detalladamente en el libro "Mujer Reposiciónate" pero en esta ocasión solo haremos énfasis en algunos aspectos de la vida de este patriarca, que tuvieron lugar luego de haber salido de la casa de sus padres, y haber llegado al territorio de su tío Labán.

➤ Por causa de haber engañado a su hermano Esaú, Jacob también fue engañado por Labán, al no dársele la esposa por la que había trabajado durante siete años.

➤ A pesar de ser descendiente de alguien a quien Dios le había dado grandes promesas que le involucraban a él de forma directa, el carácter de Jacob debía ser trabajado antes de ver el cumplimiento cabal de lo que Dios le había hablado.

➤ En el momento que el ángel se le aparece, Jacob había enviado a su familia al otro lado del río, y se había quedado solo. Porque hay aspectos de nuestra vida que solo serán trabajados por el Señor, cuando hacemos espacio para quedarnos con Él, solos.

➤ Cuando tuvo lugar este encuentro ya Jacob había vivido lo suficiente con una esencia que no era la correcta, y sabiendo que no podía seguir así, tomó la firme determinación, de no salir de allí siendo el mismo.

➤ Antes de este encuentro con el ángel, ya Jacob había tenido otras experiencias con ángeles. Sin embargo, luego de dichas experiencias él siempre seguía siendo el mismo. Así que la diferencia entre este y los demás encuentros, era que Jacob estaba dispuesto a morir si era necesario, antes que quedarse siendo igual.

Por tanto, lo más crucial de este episodio bíblico no fue que Jacob se encontrara con el ángel, porque ya eso era común para él; sino que lo más impresionante de este acontecimiento, fue la determinación inquebrantable con la que Jacob se aferró al ángel, para que fuera cambiado lo que tenía que ser cambiado dentro de él. A tal punto que el hecho de que le fuera descoyuntado el muslo, no significó un obstáculo para él.

Ahora bien, ¿Te imaginas lo difícil que debió ser para Jacob, pelear de manera incesante con el ángel, menospreciando el dolor que produce tener el encaje del muslo descoyuntado? Aquel dolor ciertamente debió ser muy grande, pero el patriarca sabía que mucho más quebranto y dolor le traería, seguir avanzando con una esencia que no era la correcta. Dicho esto, volvamos a considerar de forma más detallada lo que nos dice el texto:

> *"Así se quedó Jacob solo; y luchó con él un varón hasta que rayaba el alba. Y cuando el varón vio que no podía con él, tocó en el sitio del encaje de su muslo, y se descoyuntó el muslo de Jacob mientras con él luchaba. Y dijo: Déjame, porque raya el alba. Y Jacob le respondió: No te dejaré, si no me bendices.* **Y el varón le dijo: ¿Cu**ál *es tu nombre? Y él respondió: Jacob. Y el varón le dijo: No se dirá más tu nombre Jacob, sino Israel; porque has luchado con Dios y con los hombres, y has vencido".* Génesis 32:24-28 (RVR1960)

Así se quedó Jacob solo... Jacob tenía una extensa familia que lo amaba y muchos siervos y siervas que lo ayudaban, pero esta batalla debía librarla solo.

Y luchó con él un varón hasta que rayaba el alba... Jacob, no solo pasó toda la noche luchando con el ángel para obtener un cambio, sino que no mostró ninguna baja en la intensidad de la lucha, cuando vio que el alba ya había rayado.

Y cuando el varón vio que no podía con él, tocó en el sitio del encaje de su muslo, y *se descoyuntó el muslo de Jacob mientras con él luchaba...* La determinación inquebrantable de Jacob, llamó la atención del ángel; quien a pesar de hacer que se le descoyuntara el muslo, vio cómo él seguía luchando sin permitir que aquel terrible dolor fuera un impedimento para alcanzar su bendición.

Y dijo: Déjame, porque raya el alba. **Y Jacob le respondió: No te dejaré, si no me bendices...** Pese a haber luchado toda la noche con el muslo desencajado, y ver que ya el alba había rayado, Jacob siguió luchando incesantemente. Por lo que lejos de dejar que el dolor le distrajera o atender a la solicitud del ángel: *"Déjame porque raya el alba"*, en este punto Jacob posiblemente pensó:

"Lo siento ángel, pero no me importa cuánto tiempo más tenga que pasar aquí; seguiré luchando porque no puedo seguir así. Ya estoy cansado de mentir, de engañar y de manipular a los demás; necesito ser diferente y estoy dispuesto a lo que sea con tal de no seguir siendo igual. Dios ha estado conmigo en cada paso de mi camino, me ha ayudado, me ha defendido y me ha respaldado tal como lo dijo, pero yo no he podido darle lo mejor de mí. Así que lucharé hasta morir si es necesario, pero hasta que en mí no haya un cambio, no me moveré de aquí. Porque, aunque muchos me vean como el hombre a quien Dios respalda, el líder, el conquistador, el patriarca; yo sé que no estoy bien. Así que necesito que me cambies para no solo ser alguien que recibe cosas de Dios, sino uno que puede darle a Dios, lo mejor de él.

Y el varón le dijo: ¿Cuál es tu nombre? Y él respondió: Jacob... En este punto cabe destacar que el ángel con el que Jacob había pasado toda la noche luchando, era la representación misma de Dios. Por tanto, sabía muy bien cuál era el nombre del hombre que de forma tan insistente había luchado, con el propósito de ser diferente; pero a pesar de saberlo, se lo preguntó. ¿Por qué? Porque al Jacob pronunciar su nombre, estaba confesando que su esencia estaba enferma, que él no estaba bien, que necesitaba cambiar, que no quería seguir así y que estaba dispuesto a lo que sea con tal de no ser igual. En otras palabras, el ángel sabía el nombre, pero Jacob debía confesarlo para ser sanado y para que dicho nombre, le fuera cambiado.

Y el varón le dijo: **No se dirá más tu nombre Jacob, sino Israel;** *porque has luchado con Dios y con los hombres, y has vencido...* Finalmente, aquí vemos el resultado de la perseverancia y la determinación acompañado de un espíritu honesto y dispuesto a confesar lo que era necesario, para poder obtener un cambio. Por lo que a diferencia de muchos que en vez de admitir su condición la niegan, la justifican o la disfrazan, Jacob no la ocultó, no la minimizó, no buscó culpables, sino que la confesó y dijo: "Me llamo Jacob".

En este punto, hay algo que no podemos dejar de resaltar, y es que para este tiempo ya Jacob había sido provisto de grandes posesiones materiales, tenía una gran familia y Dios le respaldaba en todo lo que hacía. Así que a lo que Jacob se refiere cuando habla de "bendición" en este pasaje, no es una posesión material, no es una persona, no es un reconocimiento o mérito humano; sino un cambio interno que le permitiera honrar a Dios. Y aunque obtener este tan anhelado cambio, no fue fácil para Jacob, él no se rindió, sino que persistió y luchó hasta que finalmente obtuvo lo que tanto deseó.

Ahora bien, pensemos solo por un momento en lo que hubiese pasado, si luego de haber batallado de forma tan intensa como lo hizo, Jacob se hubiese negado a confesar la realidad de su condición interna. Algo que no debemos dejar de considerar, ya que el cambio de nombre no se le otorgó a Jacob cuando el alba rayó, ni cuando el muslo se le descoyuntó, sino cuando de manera firme y honesta él confesó cuál era su condición.

Es decir, Jacob no estaba interesado en lucir bien o en impresionar al ángel diciéndole cuál era su procedencia, quien era su abuelo, cuáles eran las promesas que tenía de parte de Dios, o dándole testimonio del modo como hasta ese entonces el Señor le había respaldado; sino que se enfocó en la necesidad imperante que tenía, que era la de ser sanado, y sabía que la única forma de serlo era confesando su pecado.

Pero ¿venció realmente Jacob al ángel de Dios? Jacob venció en el sentido de que soportó a través de su batalla, hasta que

Dios lo conquistó completamente. Ya que cuando luchas con Dios, solo ganas cuando te dejas vencer y reconoces que, sin Él, estás perdido; y esta fue la forma como Jacob venció.

CONSIDERA ESTO:

¿Alguna vez te has preguntado si los conflictos que enfrentas continuamente están relacionados con grietas en tu carácter que no te has dispuesto a reparar?

Cuando eres confrontado, ¿admites tus errores con facilidad o tratas de justificarlos?

¿Hasta qué punto estarías dispuesto a luchar para que sea quebrado en ti todo lo que sabes que tienes que cambiar?

Toma unos segundos y piensa... ¿Será posible que estés estancado por cosas de ti, que sabiendo que están mal, no has tomado la decisión de sanar?

PRINCIPIOS DEL CAPÍTULO

1. Generalmente los que caen en una posición de deshonra, les gusta ver a otros cayendo exactamente en lo mismo.

2. El mejor aliado del adversario a la hora de llevar a cabo su plan de destrucción basado en robar, destruir y matar es el hombre controlado por su naturaleza carnal.

3. Una confrontación siempre tendrá mucho más valor que un halago, porque tus fortalezas hablan de lo que dominas, pero tus fallas continuas hablan de lo que te domina a ti.

4. Cuando Dios nos da una promesa, no tenemos que forzar ni manipular nada para que dicha promesa se cumpla. Porque el hecho de manipular, no solo nos llevará a dañarnos a nosotros mismos, sino también a los demás.

5. El responsable de los problemas y conflictos que enfrentamos, no siempre es Satanás. Ya que aunque él puede sugerirnos pecar, utilizando lo que el mundo ofrece y haciendo que la oferta sea coherente con lo

que nos tienta, no puede seducirnos a menos que nosotros nos dejemos seducir.

CAPÍTULO 3

TU DETERMINACIÓN DEBE
TENER INSTRUCCIÓN

Y David consultó a Jehová, diciendo: ¿Perseguiré a estos merodeadores? ¿Los podré alcanzar? Y él le dijo: Síguelos, porque ciertamente los alcanzarás, y de cierto librarás a los cautivos". 1 Samuel 30:8 (RVR1960)

En el capítulo anterior vimos cómo el patriarca Jacob, luchó con un ángel hasta que su esencia pecaminosa le fue cambiada. En este capítulo veremos cómo no siempre el hecho de que queramos algo, significa que debemos ir tras ello. Por tanto, hacer lo que podemos solo debería ser válido cuando hacemos lo que debemos.

Porque no es lo mismo actuar por presión o voluntad propia ante las diversas circunstancias que enfrentamos, que actuar bajo las instrucciones que el Señor nos da ante tales circunstancias; y David es un gran ejemplo de esto. Pero, ¿qué pasaba exactamente en la vida de este hombre de Dios, cuando esto sucedió? Cuando tuvo lugar este acontecimiento, David estaba siendo perseguido por el rey Saul, y por dicha causa tuvo que buscar refugio en tierra de los filisteos donde le fue asignada una ciudad llamada Siclag, para refugiarse junto a los suyos. Pero luego de haber estado fuera de aquella ciudad por algunos días,

> *Hacer lo que podemos solo debería ser válido cuando hacemos lo que debemos.*

regresó junto a sus hombres y observó que la misma había sido quemada.

Consideremos por un momento el modo cómo debió sentirse David, al acercarse a aquella ciudad con la esperanza de llegar a casa y ser recibido por su familia, pero en vez de esto encontrar que su lugar de refugio estaba en llamas, que todo había sido calcinado y que tanto su familia como las familias de los que estaban con él , habían sido llevadas cautivas por los amalecitas.

Sin duda alguna, este fue un momento de mucha presión que empeoró muchísimo más cuando sus hombres, en vez de servirles de apoyo y tratar de buscar junto con él una solución a la situación, le adjudicaron la culpa y tomaron piedras para atacarle, quizás diciendo: "Nosotros te estamos sirviendo y es tu responsabilidad protegernos. ¿No se supone que eres el líder, el matador de gigantes, el hombre a quien Dios muestra su respaldo? ¿cómo se supone que nos esté pasando esto? Pensábamos que estar a tu lado representaría seguridad para nosotros y nuestras familias, pero mira en la situación que nos has puesto".

Mas ante este tan complicado cuadro David no se alteró, no actuó efusivamente, no se desorientó, no se desplomó por la forma como se comportaron los de su ejército, no se quejó, no dudó de Dios, sino que buscó su rostro y pidió dirección sobre el modo exacto como debía actuar ante aquella situación.

Durante todos los años que tengo sirviendo al Señor, he aprendido el valor y la bendición que hay en hacer las cosas conforme a su instrucción. Pero también he oído a muchos que le sirven, decir frente a diversas situaciones que ameritan su dirección: "No sé qué hacer porque el Señor no me dice nada". Pero si observamos bien lo acontecido en este contexto, nos damos cuenta que no fue Dios, quien habló a David primero, sino que fue David quien consultó a Dios, y entonces el Señor le indicó el modo cómo debía manejarse. O sea que la forma como el Señor nos habla es cuando le consultamos, no cuando nos turbamos o cuando simplemente decimos: "Dios no me habla". Porque la realidad es que a veces no sabes qué hacer, no porque Dios no te habla, sino porque tú no le hablas a Él.

La forma que el Señor ha establecido para que nos comuniquemos con Él, es a través de la oración. La oración es el arma más poderosa que tenemos, es un puente de comunicación a través del cual recibimos consejo y sabiduría de Dios para cualquier área de la vida que la necesitemos. Cuando oras, el Señor cambia tu confusión por Su instrucción, tu turbación por Su dirección y tu debilidad por Su fortaleza. David sabía muy bien esto, así que ante aquella tan difícil situación hizo lo más sabio y estratégico que pudo haber hecho y fue buscar respuesta de Dios, a través de la oración.

> *A veces no sabes qué hacer, no porque Dios no te habla, sino porque tú no le hablas a Él.*

"Y David consultó a Jehová... El término "consultar" utilizado en este pasaje según el original hebreo es "shaál", y se traduce como: requerir, preguntar, pedir permiso.

Por lo que a David le resultó necesario saber exactamente lo que Dios esperaba que él hiciera, lo busco en oración y le preguntó si había de perseguir a esos merodeadores o no, no actuó a la ligera; de hecho, no hizo nada hasta tener permiso de parte de Dios".

Así que en vez de dejarse mover por los hombres turbados de espíritu que estaban con él, habló con el Señor y ahí encontró la respuesta exacta de lo que debía hacer.

David preguntó a Dios: "¿Los persigo? ¿Me vas a dar la victoria? ¿Los voy a alcanzar? En otras palabras, dijo: "Señor, necesito que te involucres en esto. Por favor, dime lo que tengo que hacer, y eso es exactamente lo que haré".

"Y David dijo: ¿Perseguiré a estos merodeadores?... No hay nada peor que perseguir algo que Dios no te ha llamado a perseguir. Así que antes de emprender la marcha hacia la conquista de cualquier cosa que anheles adquirir, habla con quien tiene la ruta exacta de lo que debes y no debes perseguir. Ya que como dijimos antes, el hecho de poder hacer algo, no significa que tengas que hacerlo; y aún las cosas que sí debes hacer, tienen un momento y modo específico en el que deben ser hechas.

¿Los podré alcanzar? Si consideramos detenidamente la forma como David habló con el Señor, notamos cómo a pesar de ser un guerrero valiente y experimentado, él no se aferró a lo que era, sino que dispuso su corazón para recibir lo que Dios le dijera. Y es absolutamente seguro que si el Señor le hubiese dicho: "David no vayas, no los persigas, porque tengo una forma diferente de devolverte lo que te fue quitado", él también hubiese obedecido, porque él no solo oraba y recibía instrucciones, sino que actuaba bajo las instrucciones que Dios le daba. Y está es otra razón por la que a muchos no les va bien en lo que hacen, porque aunque ciertamente reciben instrucciones de parte del Señor en cuanto a lo que deben hacer, siempre terminan haciendo las cosas a la manera de ellos, en vez de obedecer. Pero este no fue el caso de David.

Y él le dijo: Notemos el modo como el escritor del texto, primero nos relata que "Consultó David a Jehová" y luego que "Jehová le dijo". Porque precisamente esto es lo que pasará siempre que busques el rostro de Dios. Él te escuchará y entonces te responderá. Sin embargo, el modo como responde no siempre es igual. Ya que a veces nos habla por medio de Su Palabra escrita que es la Biblia, otras veces a través de Su Espíritu Santo, en ocasiones por medio del consejo de alguien con sabiduría para instruirnos, por algún mensaje que podamos escuchar; así como también por medio de una alabanza, alguna cosa cotidiana o práctica, y sí... como ya debiste haber pensado, a través de las profecías que recibimos y los sueños que soñamos.

Sin embargo, es necesario que seamos muy cuidadosos a la hora de recibir como palabra de Dios, los sueños que podamos tener, así como las profecías a las que nos aferramos.

¿Por qué? Porque no todos los sueños que tenemos ni todas las profecías que recibimos, vienen de parte del Señor. Sino que estos también son muy utilizados por el adversario para traer a nosotros confusión y llevarnos a hacer cosas basadas en "supuestos mensajes de Dios" que, al obrar basados en ellos, solo vemos cómo las cosas empeoran y muchos luego reclaman al Señor, el por qué no vieron lo que supuestamente iban a ver; si actuaron según el "sueño" que tuvieron o la "profecía" que recibieron. Pero Dios solo pone su sello de garantía en lo que hacemos bajo Su dirección, no en lo que hacemos guiados por un mensaje basado en la confusión.

En este punto, algunos quizás piensen: "Cómo puedo cargar con las consecuencias de haber soñado o de haber recibido una profecía en la que creí y actué por lo que recibí". Pero tales consecuencias no vienen por "recibir" sino por no pedir a Dios que nos confirme la veracidad de lo que hemos recibido. Por consiguiente, la mejor manera de que nos sea confirmado si un mensaje viene o no de parte del Señor, es por medio de Su Palabra escrita que es la Biblia y a través de Su Espíritu Santo, quien mora dentro de nosotros para guiarnos a toda verdad y llevarse la confusión. *"Pues Dios no es Dios de confusión, sino de paz"*. 1 Corintios 14:33 (RVR1960)

> *Dios solo pone su sello de garantía en lo que hacemos bajo Su dirección.*

Síguelos, porque ciertamente los alcanzarás, y de cierto librarás a los cautivos". La respuesta de Dios a David, debió llenar de seguridad y firmeza su corazón para ir detrás de lo que el Señor le había dicho que podía ir, sin que le importara el tamaño del ejército al que había de enfrentarse ni las armas que este ejército pudiera tener; porque ya Dios le había dado garantía de que la victoria sería de él.

Así que, por causa de actuar bajo la instrucción precisa de Dios en medio de tal situación, era imposible que David no venciera a los amalecitas y no recuperara absolutamente todo lo que ellos habían tomado de él. ¿Sabes por qué? Porque Dios siempre nos respaldará en aquello que Él nos manda a hacer. Sin embargo, pese a que tenemos acceso a Su maravillosa instrucción, muchos siguen deseando buscar consejos de hombres y hacer las cosas según su mejor parecer, dejando así de experimentar la enorme bendición y las gloriosas victorias que nos trae el actuar bajo las instrucciones de Él.

> "*Y libró David todo lo que los amalecitas habían tomado, y asimismo libertó David a sus dos mujeres. Y no les faltó cosa alguna, chica ni grande, así de hijos como de hijas, del robo, y de todas las cosas que les habían tomado; todo lo recuperó David*". 1 Samuel 30:18-19 (RVR1960) Énfasis añadido.

La determinación sin la debida instrucción, puede traer caos y frustración

Una persona determinada es aquella que está definida, es decidida y muestra un enfoque constante en alcanzar lo que se ha propuesto. Sin embargo, es peligroso tener una decisión firme en alcanzar no solo lo que es malo, sino lo que a pesar de ser bueno, puede no ser lo correcto.

Tener instrucción específica de Dios en cuanto al modo cómo debes proceder, te evitaría fracasar, lamentarte o perder recursos que a veces suelen ser irrecuperables; te hará efectivo y hará que otros al ver el respaldo de Dios contigo, se unan y apoyen lo que Él está haciendo a través de ti.

Así que no lo olvides, Dios siempre dará su absoluto respaldo a lo que te indica que debes hacer. Pero no podrás tener éxito real, cuando no cuentas con la aprobación de Él. Ya que como dijimos anteriormente, el éxito de la criatura (nosotros) lo determina el Creador (Dios) basado en el cumplimiento que la criatura dé al designio que le fue encomendó desde antes de nacer.

> El Señor le dijo a Jeremías: «*Antes de formarte* en el vientre, *ya te había elegido; antes de que nacieras,* ya te había apartado; te había nombrado profeta para las naciones». Jeremías 1:5 (NVI)

Imaginemos solo por un momento, lo que hubiese pasado si a pesar de haber sido escogido para cumplir con semejante asignación, el profeta Jeremías hubiese dicho: "Bueno Dios, muchas gracias por crearme. Pero quiero usar la vida que me diste para llevar a cabo mis propios planes. Porque mi deseo es ser un gran comunicador y ser conocido en mi generación por los logros y premios que alcance. Quiero viajar por las naciones y ser aplaudido; mi intención es ser grande entre los hombres, ser elogiado y distinguido".

Es cosa segura que por haber sido señalado por Dios como profeta, Jeremías tenía ciertos dotes para la buena comunicación. Es posible que pudiera desplazarse a diferentes lugares porque Dios le había abierto las naciones, y es muy probable que hubiese tenido la posibilidad de cautivar masas con los talentos que, desde antes de haber nacido, ya había recibido. Mas si así hubiese sido, su vida habría sido considerada infructuosa y un rotundo fracaso delante del Dios que le creó.

Pero Jeremías sabía Quién lo había formado, la encomienda que le había dado, los dones que para tal misión le había otorgado y vivió para cumplir a cabalidad con dicha asignación.

El salmista, también comprendió su asignación y acerca de la misma escribió: *"Me viste antes de que naciera. Cada día de mi vida estaba registrado en tu libro. **Cada momento fue diseñado antes de que un solo día pasara"***. Salmo 139:16 (NTV)

La intención del salmista en este pasaje, no es solo expresar que Dios tuvo un plan para nosotros desde antes de crearnos, sino también que cada día de nuestra vida y cada momento de esos días, ya estaban diseñados por el Señor desde antes que llegáramos a la tierra, y aún antes de que nuestro cuerpo estuviese en el proceso de gestación.

Ahora bien, no a todos el Señor nos ha llamado a lo mismo; no todos fuimos equipados con lo mismo y no todos seremos usados por Él, desde la misma posición. Pero en absolutamente todos los casos el diseño de nuestra vida y la asignación específica para cada uno de nuestros días, fueron perfectamente orquestados por el Señor. Sin embargo, es responsabilidad nuestra el hacer que ese diseño sea revelado y que dicha asignación, tenga su debida manifestación.

De hecho, aún el mismo Cristo cuando estuvo en la tierra vino a cumplir con una asignación específica dada por el Padre, respecto de la cual expresó:

"Porque yo no he bajado del cielo para hacer mi propia voluntad, sino para hacer la voluntad de mi Padre, que me ha enviado". Juan 6:38 (RVR1960)

"Jesús les dijo: —Mi comida es hacer lo que Dios quiere porque él es quien me envió. Estaré satisfecho cuando termine el trabajo que él me dio". Juan 4:34 (PDT)

"Porque os digo que es necesario que se cumpla todavía en mí aquello que está escrito... Porque lo que está escrito de mí, tiene cumplimiento". Lucas 22:37 (RVR1960)

Otro ejemplo digno de considerar, es el de Juan el bautista. Quien conocía muy bien lo que el Creador esperaba de Él, y nunca trató de convertirse en quien no le correspondía ser.

*"Este es el testimonio de Juan, cuando los judíos enviaron de Jerusalén sacerdotes y levitas para que le preguntasen: Tú, ¿quién eres? Confesó, y no negó, sino confesó: **Yo no soy el Cristo**. Y le preguntaron: ¿Qué pues? ¿Eres tú Elías? Dijo: No soy. ¿Eres tú el profeta? Y respondió: No. Le dijeron: ¿Pues quién eres? para que demos respuesta a los que nos enviaron. ¿Qué dices de ti mismo? Dijo: **Yo soy la***

voz de uno que clama en el desierto: Enderezad el camino del Señor, como dijo el profeta Isaías". Juan 1:19-23 (RVR1960)

Cuando a Juan le preguntaron quién era, lo primero que dijo fue quien no era. Porque saber quién eres, te hace tener una comprensión clara de quien no eres. Así que, si parafraseamos lo dicho por Juan el bautista, tenemos lo siguiente:

"Yo no soy el Cristo, tampoco soy alguno de los renombrados profetas de los tiempos antiguos, de hecho, en lo que se escribió de mí no fue resaltado mi nombre, sino mi voz para anunciar la manifestación de aquel que tiene el nombre que es sobre todo nombre. Por tanto, mi misión de vida es ser la voz de quien tiene el nombre y al hacerlo, estaré cumpliendo con mi propósito".

Por tanto, en vez de solo llevar planes a Dios, pídele que te revele los planes que Él desea cumplir a través de ti. Ora y pídele dirección en todo lo que vayas a hacer, hazlo parte de cualquier proyecto que vayas a emprender; y déjate guiar por las instrucciones específicas que recibas de parte de Él.

CONSIDERA ESTO:

¿En que cosas que has hecho hasta ahora, entiendes que si hubieses buscado dirección de Dios te hubiese ido mejor?

¿Haz memoria de algo que hiciste de acuerdo a la instrucción que recibiste de parte del Señor, y considera cuál fue el resultado que tuviste?

Luego de haber leído este capítulo, ¿Qué piensas que es ser una persona exitosa?

PRINCIPIOS DEL CAPÍTULO

1. La oración es el arma más poderosa que tenemos, es un puente de comunicación a través del cual recibimos consejo y sabiduría de Dios para cualquier área de la vida que la necesitemos.

2. No siempre dar pasos hacia delante significa que estás avanzando. Sino que el verdadero avance a veces requerirá que te devuelvas del camino incorrecto para que puedas avanzar hacia el camino correcto.

3. Dios siempre dará Su absoluto respaldo a lo que te indica hacer. Pero no podrás tener éxito real, cuando no cuentas con la aprobación de Él.

4. La razón por la que a muchos no les va bien en lo que hacen, es porque aunque ciertamente reciben instrucciones de parte del Señor, en cuanto a lo que deben hacer, siempre terminan haciendo las cosas a la manera de ellos, en vez de obedecer.

5. Pese a que tenemos acceso a la maravillosa instrucción de Dios, muchos siguen deseando buscar consejos de hombres y hacer las cosas según su mejor parecer, dejando así de experimentar la enorme

bendición y las gloriosas victorias que nos trae el actuar bajo las instrucciones de Él.

CAPÍTULO 4

SU DESEO ES QUE TE RINDAS

*E*ntonces el jefe del Estado Mayor del rey asirio les dijo que le transmitieran a Ezequías el siguiente mensaje: El gran rey de Asiria dice: ¿En qué confías que te da tanta seguridad? Isaías 36:4 (NTV)

En el presente capítulo, estaremos considerando un acontecimiento vivido por uno de los reyes más piadosos que menciona la Biblia, y que estuvo caracterizado por el chantaje, la burla y la intimidación. Pero para poder comprender mejor esto, es necesario recordar que luego de la muerte del rey David, el reinado de la nación pasó a ser ejercido por su hijo Salomón y luego de haber muerto Salomón, su hijo Roboam fue rey en lugar suyo. Más por causa del mal manejo de este, el reino se dividió en dos partes que fueron: el reino de Israel (o el reino del norte) y el reino de Judá (o el reino del sur). Bajo esta división, diez de las doce tribus conformaban el reino de Israel y la otra parte que era el reino de Judá, la componían solo dos de dichas tribus.

La historia completa de esta importante faceta de la nación, se encuentra detallada en los libros 1 y 2 Reyes y 1 y 2 de Crónicas. Pero para los fines de este contenido solo añadiremos, que ambos reinos le fallaron a Dios en diversas ocasiones, ambos tuvieron reyes malos que no actuaron según el consejo de Dios, como también reyes que tuvieron como prioridad hacer la voluntad del Señor, tal como fue el caso del rey Ezequías, a quien estuvo dirigido el texto con el que dimos inicio a este capítulo. Ahora consideremos el pasaje de forma más amplia...

"Entonces el rey de Asiria mandó a su jefe del Estado Mayor desde Laquis con un enorme ejército para enfrentar al rey Ezequías en Jerusalén. Los asirios tomaron posición de batalla junto al acueducto que vierte el agua en el estanque superior, cerca del camino que lleva al campo donde se lavan telas.

Estos son los funcionarios que salieron a reunirse con ellos: Eliaquim, hijo de Hilcías, administrador del palacio; Sebna, secretario de la corte; y Joa, hijo de Asaf, historiador del reino.

Entonces el jefe del Estado Mayor del rey asirio les dijo que le transmitieran a Ezequías el siguiente mensaje: El gran rey de Asiria dice: ¿En qué confías que te da tanta seguridad? Es más, ¿crees que hemos invadido tu tierra sin la dirección del Señor? El Señor mismo nos dijo: "¡Ataquen esta tierra y destrúyanla!"». Entonces tanto Eliaquim como Sebna y Joa le dijeron al jefe del Estado Mayor asirio:

—Por favor, háblanos en arameo porque lo entendemos bien. No hables en hebreo, porque oirá la gente que está sobre la muralla. Pero el jefe del Estado Mayor de Senaquerib respondió: —¿Ustedes creen que mi amo les envió este mensaje solo a ustedes y a su amo? Él quiere que todos los habitantes lo oigan porque, cuando sitiemos a esta ciudad, ellos sufrirán junto con ustedes. Tendrán tanta hambre y tanta sed que comerán su propio excremento y beberán su propia orina.

Después el jefe del Estado Mayor se puso de pie y le

*gritó en hebreo a la gente que estaba sobre la muralla:
«¡Escuchen este mensaje del gran rey de Asiria! El rey dice
lo siguiente: "No dejen que Ezequías los engañe. Él jamás
podrá librarlos. No permitan que los haga confiar en el Señor diciéndoles: Con toda seguridad el Señor nos librará.
¡Esta ciudad nunca caerá en manos del rey asirio! ¡No escuchen a Ezequías! El rey de Asiria les ofrece estas condiciones: hagan las paces conmigo; abran las puertas y salgan.
Entonces cada uno de ustedes podrá seguir comiendo de
su propia vid y de su propia higuera, y bebiendo de su propio pozo. Me encargaré de llevarlos a otra tierra como esta:
una tierra de grano y vino nuevo, de pan y viñedos.*

*El pueblo se quedó en silencio y no dijo ni una palabra,
porque Ezequías le había ordenado: «No le respondan»".*
Isaías 36:2-4, 10-17, 21 (NTV)

Esta historia, tuvo lugar alrededor del año 700 a.C. Cuando
Senaquerib, rey de Asiria, una de las naciones enemigas del
pueblo de Dios, atacando todas las ciudades fortificadas del
reino de Judá, se había propuesto tomar también la ciudad
de Jerusalén, que era la capital del reino. Y para llevar esto a
cabo, el rey Senaquerib envió al jefe del Estado Mayor de la
nación de Asiria, a emitir fuertes y muy duras amenazas, tomando como posición territorial de su ataque, el acueducto
de la ciudad. Lugar escogido de forma estratégica, ya que las
puertas de la ciudad estaban cerradas y todo el pueblo se hallaba encerrado detrás de ellas. Más para poder permanecer
allí sin morir, necesitaban ser provistos de agua.

Así que estando el enviado del rey Senaquerib allí, tres ofi-
ciales del gobierno de Ezequías salieron a su encuentro, a

través de los cuales el muy malvado e intimidante vocero, le envió un mensaje altamente desalentador. El cual, entre otras cosas, contenía la siguiente interrogante para el rey de la ciudad de Jerusalén: *"¿En qué confías que te da tanta seguridad?"* Isaías 36:4b (NTV)

Esta historia contiene diversas tácticas, que al observar detenidamente notamos que son las mismas que Satanás utiliza contra nosotros cada vez que nos ataca. Así que para poder apreciar de manera efectiva la sustancia de lo que el texto nos comunica con relación a esto, observemos siete puntos implícitos en el texto:

1. LAS CUALIDADES DEL ATACANTE: *"Entonces el rey de Asiria mandó a su jefe del Estado Mayor desde Laquis **con un enorme ejército para enfrentar al rey Ezequías** en Jerusalén".* Isaías 36:2a

Con el fin de asimilar mejor lo que representaba tener la nación de Asiria como enemiga lista para el combate, debemos considerar que esta no se trataba de una simple nación, sino de una potencia que intimidaba a grandes naciones de aquellos tiempos y la que por causa del poder que tenía y el gran ejército militar con el que contaba, tomaba cautiva cada nación que atacaba. Mientras que la ciudad de Jerusalén era pequeña, en comparación con esta gran potencia y su ejército tan diminuto que aquel Jefe de Estado, se burló diciendo que le daría dos mil caballos para la guerra, si la ciudad contaba con dos mil soldados para cabalgarlos. Pero no se sintió satisfecho con solo recordarles lo pequeño que eran como ciudad y en relación a su ejército, sino que también mencionó las posibles formas como probablemente ellos habían pensado hacerles frente, diciendo que si su intención era unirse con una nación más fuerte que ellos, su posible aliado, que era Egipto, tampoco tenía las condiciones para ayudarlos porque tanto Egipto como su rey "según él" eran también cosa fácil de deshacer.

Pero como si todo esto fuera poco, su método de intimidación subió a más, cuando directamente atacó el hecho de que el pueblo tuviera su confianza puesta en Jehová, el Dios por causa de quien Ezequías había quitado todos los lugares altos de la ciudad. Argumento usado por el vocero de Senaquerib, para hacerles dudar sobre el modo como el rey de Jerusalén había procedido con relación a la adoración y culto del pueblo, hacia el Dios que servía. Sin embargo, aunque aquello era cierto no era algo incorrecto. Ya que al hacer esto, Ezequías contribuyó a que la adoración que el pueblo llevaba a Dios, se hiciera en el lugar indicado y de modo organizado. Así que lo que vemos aquí no es más, que una estrategia de confusión por parte de Satanás, con la que busca también confundirnos a nosotros muchas veces. Tratando de hacer que creamos que estamos mal, cuando en realidad nos estamos esforzando por hacer las cosas de forma ordenada y del modo como a Dios le agrada.

2. QUIEN LO REPRESENTA, ES EXPERTO EN HERIR E INTIMIDAR: ¿En qué confías que te da tanta seguridad? Isaías 36:4c

Para cada ataque específico, el adversario tiene personas específicas. Porque es un estratega y de acuerdo al efecto que quiere producir en nuestras emociones, busca entre aquellos que tiene acceso, personas con ciertas particularidades para llevar a cabo dicho ataque. En este caso específico, lo que el enemigo quería producir era miedo e inseguridad, y con el fin de lograrlo utilizó al Jefe del Estado Mayor de Senaquerib, que era experto en intimidar y herir. Ya que sin importar quien seas ni las habilidades que poseas, cuando sientes miedo, te paralizas; y cuando estás herido emocionalmente, todo lo que puedes hacer estando sano se ve afectado. Por lo que sabiendo esto, el adversario procura que la persona que utiliza para herirte tenga tu atención; ya sea porque está cerca, o porque de algún modo tú te le acercas.

Para cada ataque específico, el adversario tiene personas específicas.

Pero sin importar que tan intimidantes sean sus palabras o si la persona que escoge, cumple con todas las características para herirte, su intento será fallido si tú decides negarle el acceso.

En otras palabras, el enemigo sabe que no todos califican para dañarte, pero tú debes saber que el hecho de que califiquen, no significa que puedan afectarte, a menos que tú se lo permitas.

3. NO TIENE CONSIDERACIÓN ALGUNA: Los representantes de Ezequías dijeron: —*Por favor, háblanos en arameo porque lo entendemos bien. No hables en hebreo, porque oirá la gente que está sobre la muralla:...*

Pero el representante de Senaquerib contestó: —*¿Ustedes creen que mi amo les envió este mensaje solo a ustedes y a su amo?* Él quiere que todos los habitantes lo oigan *porque, cuando sitiemos a esta ciudad, ellos sufrirán junto con ustedes.* Isaías 36:11-12

Este fragmento de la historia, es altamente revelador, ya que confirma que Satanás es nuestro adversario, no nuestro colaborador. Por tanto, no debemos esperar de él misericordia ni compasión. Él no es nuestro aliado, y en el único momento que aparenta serlo, es cuando quiere llevarnos a ser sus esclavos. Así que el hecho de pedir un favor a alguien que siendo usado por Satanás se ha propuesto destruirte, es indicarle un modo seguro de conseguir herirte.

Algo que queda claramente expuesto en la petición hecha por los representantes de Ezequías, al representante del rey de Asiria y en la forma como este, le responde:

> *Satanás es nuestro adversario, no nuestro colaborador.*

PETICIÓN: *"**Por favor,** háblanos en arameo porque lo entendemos bien. **No hables en hebreo,** porque oirá la gente que está sobre la muralla..."*

RESPUESTA A LA PETICIÓN: *"—¿Ustedes creen que mi amo les envió este mensaje solo a ustedes y a su amo? Él quiere que todos los habitantes lo oigan..."*

REACCIÓN ANTE LA PETICIÓN: *"Después el jefe del*

*Estado Mayor se puso de pie y **le gritó en hebreo a la gente que estaba sobre la muralla**...*

La crueldad y el sacar provecho a la información que le damos acerca de nuestra debilidad, es una de las formas de ataque más utilizadas contra nosotros por parte de Satanás. Así que en vez de darle detalles sobre nuestras vulnerabilidades, debemos esforzarnos por ser fuertes aún en nuestra debilidad y ser de los que por la fe *"sacan fuerzas de debilidad"*. (Ver Hebreos 11:34b)

Otro punto importante que no podemos dejar de observar, es que los que estaban sobre las murallas eran los atalayas que guardaban la ciudad, y si ellos se llenaban de miedo, podían abandonar su lugar. Lo que, de haber sucedido, hubiese hecho caer en parálisis de miedo a todo al resto del pueblo.

Así que mientras Dios quiere que le confieses lo que te afecta para sanarlo, al adversario le interesa saber lo que te afecta para intensificarlo.

4. TE SUGIERE NO ESCUCHAR LO QUE ES BUENO, PARA QUE CAIGAS COMO PRESA DE SU VENENO.

«¡Escuchen este mensaje del gran rey de Asiria! El rey dice lo siguiente: "No dejen que Ezequías los engañe. Él jamás podrá librarlos. No permitan que los haga confiar en el Señor diciéndoles: Con toda seguridad el Señor nos librará. ¡Esta ciudad nunca cae*rá en manos del rey asirio! ¡No escuchen a Ezequías!"*»

El discurso que emite el enviado de la nación enemiga, tiene dos solicitudes principales y a la misma vez, similares. Una es: *"Escuchen este mensaje del gran rey de Asiria! El rey dice lo siguiente: "No dejen que Ezequías los engañe".* La otra es: *No permitan que [Ezequías] los haga confiar en el Señor diciéndoles: Con toda seguridad el Señor nos librará. "¡No escuchen a Ezequías!"*

En este fragmento del pasaje, es muy importante recordar a quién representa cada uno de estos personajes, porque solo así podremos comprender la razón por la que, de igual modo en este tiempo, hay cosas que el adversario quiere que tu "escuches" y otras que "no escuches". Más para poder identificar esto mejor, consideremos el discurso del vocero...

➤ Tenía la intención de magnificar al enemigo que enfrentaba el pueblo de Dios, llamándole *"el gran rey de Asiria"*.

➤ Tenía la intención de hacer que el pueblo dudara de su líder y de la confianza en Dios que él les había inculcado, al decirles: *"No permitan que [Ezequías] los haga confiar en el Señor"*.

➤ Tenía la intención de crear miedo y sembrar duda en el pueblo de Dios, diciéndoles que no creyeran a Ezequías cuando decía: *"Con toda seguridad nos librará el Señor"*.

Así como la fe viene por el oír la palabra de Dios, la duda viene por el oír la palabra del engañador; y lo peor de todo es que a

veces sus engaños parecen tan veraces, que para poder iden-
tificarlos tendremos que tener muy firme nuestro cimiento
y ser personas de sólido fundamento. Ya que como podemos
ver en este caso, lo que decía el vocero del adversario, parecía
ser verdad.

Así como la fe viene por el oír la palabra de Dios, la duda viene por el oír la palabra del engañador.

Ellos habían atacado varias naciones y todas les pertenecían, habían
atacado la otra parte del reino que
era Israel, y la habían tomado e incluso las demás ciudades del reino
de Judá, también las habían atacado.
Por lo que, de haber visto el asunto
en términos lógicos y humanos, al
pueblo no le hubiese quedado otra
opción que rendirse ante la invasión de sus amenazantes e
intimidantes enemigos. Pero ante todo esto en la ciudad de
Jerusalén, había un rey que con la ayuda y dirección de Dios
a través de Isaías, el profeta asignado para aquel momento,
prefirió confiar con toda firmeza en la Mano Salvadora del
Dios que le había puesto como rey, y precisamente a este rey
que era Ezequías, fue a quien el vocero del enemigo se había
referido al decir: *"no lo escuchen"*.

Así también cada vez que el enemigo quiere hacer que creas
sus mentiras, trabaja para que no escuches la voz de la verdad. Verdad que llega a ti a través de las personas que Dios ha
puesto para dirigirte, de los que está usando para edificarte
y de los que están tomando tiempo para formarte; buscando
que solo veas sus defectos, sus fallas y sus errores para entonces, tratar de convencerte de que no "los escuches". Sin

embargo, con esto no estoy insinuando que apoyes el pecado de nadie ni que te hagas partícipe de algo que te puedan estar enseñando que no esté conforme a la Palabra de Dios. Simplemente te recuerdo que nadie es perfecto y que siempre que el adversario quiere hacer que escuches sus mentiras, buscará hacer que no recibas la voz de aquellos que buscan afirmar la confianza que Dios espera que tengas en Él, a través de la verdad.

Por tanto, no olvides que la forma de saber si debes escuchar a alguien o no, es identificando el resultado que se produce en ti, con relación a lo que Dios quiere hacer contigo cada vez que lo escuchas. En otras palabras, si lo que escuchas de parte de ese vocero que representa a Dios en tu vida te edifica, te afirma, fortalece tu fe y hace que te acerques más a lo que el Señor quiere que seas, "escúchalo". Pero si la voz que estás escuchando te lleva a dudar de Dios, si te quiere sacar del lugar donde Él te ha dicho que debes estar, y si te quiere hacer ver mal a los que en algún momento Él ha usado para ayudarte, "no la escuches". En conclusión, ten mucho cuidado con escuchar lo que no debes e igualmente cuídate de dejar de escuchar lo que según la voluntad de Dios para ti, te conviene.

5. SU INTENCIÓN DE DESTRUCCIÓN SIEMPRE VIENE ENVUELTA EN ALGÚN TIPO DE OFERTA.

"El rey de Asiria les ofrece estas condiciones: hagan las paces conmigo... Entonces cada uno de ustedes podrá seguir comiendo de su propia vid y de su propia higuera, y bebiendo de su propio pozo. Me encargaré de llevarlos a otra

tierra como esta: una tierra de grano y vino nuevo, de pan y viñedos". (vv.16-17)

Otra de las formas de ataque del adversario es ofertando cosas que, para su blanco de ataque, sean consideradas como altamente atractivas. De hecho, él jamás nos ofrece algo gratis. Así que ten por seguro que el precio que tendrás que pagar por tomar lo que él te ofrece, será entregarle tu autoridad y dejar que arranque de ti, algo que tenga mucho más valor que lo que él te pueda dar. Con relación a esto, en esta historia el plan fue ofrecerle al pueblo cosas que eran necesidades primarias, como alimento, agua y un lugar donde morar. Pero la estrategia detrás, era: "Te daré lo que quieres; si me das lo que eres".

Toda oferta o tentación que el adversario nos hace, está basada en uno de estos tres aspectos: lo que necesitamos, lo que deseamos o lo que nos atrae. En este caso particular, la oferta del enemigo (como ya vimos) era suplir al pueblo las cosas que necesitaba, pero esto no sucedería si primero ellos no se dejaban esclavizar; realidad que les fue dicha pero con palabras que hicieran que el hecho de ser esclavos, al pueblo le pareciera dulce; y fueron las siguientes: *"hagan las paces conmigo".*

Cuando con esta expresión, el vocero del rey Senaquerib, realmente le estaba solicitando al pueblo lo siguiente: "Dejen que nosotros le tomemos y les convirtamos en esclavos, no confíen en el Dios que los ha ayudado, pierdan su identidad, no se resistan a la opresión que nosotros pondremos en ustedes", y muchas otras insinuaciones más. Pero sabía que la forma de hacer que todas estas atrocidades sonaran atractivas, era diciéndole lo mismo, pero en palabras diferentes: *"hagan las paces conmigo"*. Porque el verdadero deseo del adversario, no es tener una pelea contigo, sino que te conviertas en su esclavo haciendo las paces con él.

6. SU DESEO INICIAL NO ES PELEAR, SINO HACER QUE TE RINDAS.

"Abran las puertas y salgan" (vv. 16c).

En esta parte del discurso, el vocero del rey enemigo mantiene el mismo tono aparentemente amigable que había utilizado en la solicitud anterior, solo que esta vez dejó ver de forma más precisa cuál era la verdadera intención por la que se había producido aquel asedio. Su estrategia no era pelear, sino hacer que la ciudad se rindiera. Por esta razón había tomado como el lugar de su ubicación el acueducto; y por eso, cada palabra que había pronunciado buscaba hacer que ellos perdieran la confianza en Dios y en las palabras que habían escuchado del rey Ezequías, que los dirigía.

De hecho, esta verdad se hace aún más evidente cuando recordamos que los asirios ciertamente tenían un ejército bastante superior al que tenía la ciudad de Jerusalén. Por lo que el rey Senaquerib pudo haberles atacado sin necesidad de enviar al jefe del Estado Mayor a dar un discurso. Así que, tanto el discurso como la posición que tomaron, la intimidación, como el miedo que trataron de llevar a los del pueblo, la oferta como la aparente amabilidad que al final de su discurso mostraron, tenían un solo propósito: hacer que el resto del reino de Judá, simplemente se rindiera. Ya que fuera por miedo, desmotivación o desesperación; si se rendían, automáticamente se convertían en sus esclavos. Y ese era el resultado esperado por el rey de Asiria, a través del discurso pronunciado por aquel Jefe del Estado. Ignorando que ese pudo haber sido el plan de ellos, pero que Dios tenía un plan mejor para ellos.

Satanás nos quiere como sus súbditos no como enemigos; nos quiere ver rendidos y no dispuestos a luchar para ver el cumplimiento de los planes que Dios tiene con cada uno de nosotros.

Sin embargo, muchos de nosotros nos imaginamos a Satanás ansioso por iniciar una pelea. Cuando en realidad esto no es lo que él quiere, porque no es lo que le conviene. ¿Por qué? Por las razones siguientes:

1. En caso de que hubiera una pelea, existe la enorme posibilidad de que quienes ganemos seamos nosotros.

2. Ya sea que ganemos o que perdamos, dicha pelea puede terminar acercándonos más al Señor.

3. Lo que El Señor haga en nuestra vida a través de la batalla, podría ser de gran bendición no solo para nosotros sino también para la vida de otros.

Por tanto, no. ¡Satanás preferiría no tener que luchar contigo en lo más mínimo! sino que siempre preferirá y por mucho, poder convencerte de que lo mejor es que te rindas antes que decidas pelear con él. Y esa fue exactamente la misma estrategia que utilizó contra Jesús cuando fue tentado en el desierto, prometiéndole que si se postraba y lo adoraba, le daría todos los reinos de la tierra. Tratando así de evitar la pelea, y convencer a Jesús de que lo mejor que podía hacer, era postrarse delante de él.

"Otra vez le llevó el diablo a un monte muy alto, y le mostró todos los reinos del mundo y la gloria de ellos, y le dijo: **Todo esto te daré, si postrado me adorares.** *Entonces Jesús le dijo:* **Vete, Satanás,** *porque escrito está: Al Señor tu Dios adorarás, y a él solo servirás".* Mateo 4:8-10 (RVR1960) Énfasis añadido.

Así que la estrategia de incitación a la rendición, al adversario no le funcionó cuando la utilizó contra Jesús, del mismo modo, no debería funcionarle con ninguno de nosotros, cuando nos encontremos en nuestros propios desiertos. Porque aunque el hecho de rendirte aparente ser la forma más fácil de salir de algo, serás recompensado cuando siendo tentado a ceder, te enfoques en resistir y no caer ante las incitaciones del adversario. Tal como lo vemos en Jesús, quien por no rendirse en el desierto, pudo despojar al adversario, a través de su victoria en la cruz.

*"Y a vosotros, estando muertos en pecados y en la incircuncisión de vuestra carne, os dio vida juntamente con él, perdonándoos todos los pecados, anulando el acta de los decretos que había contra nosotros, que nos era contraria, quitándola de en medio y clavándola en la cruz, y **despojando a los principados y a las potestades, los exhibió***

públicamente, triunfando sobre ellos en la cruz." Colosenses 2:13-15 (RVR1960)

7. NO LE RESPONDAS. *El pueblo se quedó en silencio y no dijo ni una palabra, porque Ezequías le había ordenado: «No le respondan».* Isaías 36:21

Una de las cosas más importantes que debes comprender, ante cualquier circunstancia por la que estés atravesando, es que en vez de reaccionar, debes saber cómo responder. Aunque con relación a esto, es posible que pienses: "Pero esta gente no respondió", y como respuesta a esto te diré, que precisamente a veces una de las forma más efectivas de responder, es haciendo silencio y no permitiendo que cualquier ataque que nos lancen, nos provoque y nos lleve a reaccionar.

> ➤ La "reacción" surge de la efusividad y la provocación, mientras que la "respuesta" surge de la madurez y el dominio propio.

> ➤ Las personas reactivas son predecibles y generalmente terminan lamentando lo que de haber ejercido dominio propio, hubiesen podido evitar.

> ➤ Cuando reaccionas, le das armas al adversario, que él se encarga de utilizar con el fin de demostrar, que eres tú el que está mal.

Por tanto, recuerda que no todas las cosas son dignas de enfrentar. Así que, no te dejes provocar ni permitas que las malas acciones de otros te lleven a reaccionar. En vez de esto, recuerda que a veces la mejor forma de responder es haciendo silencio ante los hombres, para buscar respuesta de Dios a través de la oración. Y esto no es señal de cobardía, sino de dominio propio y dependencia en el Señor. Tal como la Palabra lo expresa en Jeremías 33:3: "Clama a mí, y yo te responderé, y te enseñaré cosas grandes y ocultas que tú no conoces".

> *La "reacción" surge de la efusividad y la provocación, mientras que la "respuesta" surge de la madurez y el dominio propio.*

CONSIDERA ESTO:

¿Te has visto en algún momento amenazado por alguien que aparentemente sea más fuerte y poderoso que tú?

Luego de haber considerado los siete puntos presentados en este capítulo: ¿Cuál de estas formas usadas por el adversario, has podido identificar en algún ataque que hayas recibido o estés recibiendo en los actuales momentos?

Cuándo eres atacado por algo o por alguien, ¿eres de los que reaccionan y se dejan provocar o de los que ejercen dominio propio y se saben manejar?

Luego de haber leído este capítulo, ¿qué harás de forma diferente a como lo hacías antes, siempre que te sientas asediado?

PRINCIPIOS DEL CAPÍTULO

1. Sin importar quién seas, ni las habilidades que poseas, cuando sientes miedo te paralizas, y cuando estás herido emocionalmente, todo lo que puedas llevar a cabo se ve afectado.

2. La forma de saber si debes escuchar a alguien o no, es identificando el resultado que se produce en ti, con relación a lo que Dios quiere hacer contigo cada vez que lo escuchas.

3. Cada vez que el enemigo quiere hacerte creer sus mentiras, primero trabaja para que no escuches la voz de quien te habla la verdad.

4. La "reacción" surge de la efusividad y la provocación, mientras que la "respuesta" surge de la madurez y el dominio propio.

5. Las personas reactivas son predecibles y generalmente terminan lamentando lo que si hubiesen ejercido dominio propio, hubiesen podido evitar.

CAPÍTULO 5

ENTRÉGALE LA CARTA

Cuando el rey Ezequías oyó el informe, rasgó su ropa, se vistió de tela áspera y entró al templo del Señor. Enseguida envió a Eliaquim, administrador del palacio; a Sebna, secretario de la corte; y a los principales sacerdotes, todos vestidos de tela áspera, a hablar con el profeta Isaías, hijo de Amoz.

Una vez que los funcionarios del rey Ezequías le dieron a Isaías el mensaje del rey, el profeta respondió: «Díganle a su amo: "Esto dice el Señor: 'No te alteres por ese discurso blasfemo que han pronunciado contra mí los mensajeros del rey de Asiria. ¡Escucha! Yo mismo actuaré en su contra...

Poco después, el rey Senaquerib... envió mensajeros de regreso a Ezequías, en Jerusalén, con el siguiente mensaje: «Este mensaje está dirigido al rey Ezequías de Judá. No dejes que tu Dios, en quien confías, te engañe con promesas de que Jerusalén no caerá en manos del rey de Asiria. **Después de recibir la carta de mano de los mensajeros y de leerla, Ezequías subió al templo del Señor y desplegó la carta ante el Señor y oró...** Isaías 37: 1-2, 5-7, 9-10, 14 (NTV) Énfasis añadido.

En el capítulo anterior, vimos que cuando los representantes del rey Ezequías recibieron las fuertes y desafiantes amenazas del representante del rey de Asiria, no respondieron, tal como se lo había indicado Ezequías. Sin embargo, en este capítulo veremos cómo nuestra efectividad ante cualquier batalla, no solo dependerá de saber cuándo callar; sino también cuándo, con quién y el modo cómo debemos hablar.

Absolutamente todos los versículos que contiene el capítulo treinta y siete del libro de Isaías, están cargados de la maravillosa gloria que se despliega en lo que por un momento pareció ser el fin de la ciudad de Jerusalén; pero Dios hizo que esta historia quedara plasmada para que a través de la misma, nosotros podamos comprender la forma como debemos proceder, cuando estemos bajo algún ataque o amenaza semejante a la que se vio expuesto este rey.

*"Cuando el rey Ezequías oyó el informe, **rasgó su ropa, se vistió de tela áspera y entró al templo del Señor.**"* Isaías 37:1 (NTV)

El rasgamiento de las vestiduras y el cubrirse de tela áspera, mencionada en la mayoría de las versiones bíblicas como "**cilicio**", eran expresiones de profunda angustia, que usualmente se realizaban para expresar el dolor de perder un ser amado. Por lo que al rasgar sus vestiduras y cubrirse de cilicio, Ezequías estaba mostrando lo mucho que le había afectado el informe que había recibido y el gran dolor que le producía ver todo lo que estaba aconteciendo. Es decir, él no tomó el ataque a la ligera, pero tampoco reaccionó de la manera como su adversario esperaba que lo hiciera. Ya que no permitió que el dolor que sentía lo paralizara, y mucho menos que lo llevara a un lugar incorrecto; sino que fue al templo y derramó su alma delante del Señor. En este punto, es importante considerar que tal como lo había mencionado el vocero del rey enemigo en el capítulo anterior, Ezequías pudo haber solicitado el apoyo de una o más de las naciones que para ese tiempo estaban en la disposición de aliarse con ellos para enfrentar a quienes le amenazaban, pero en vez de esto fue a la casa del Señor; él pudo haberse rendido por el gran temor que quiso infundirle el enemigo, pero en vez de esto fue a la casa del Señor; él pudo haberse dejado hundir por la angustia y la desesperación, pero en vez de esto fue a la casa del Señor. Y tú, ¿A dónde te diriges cuando estás en una situación que afecta tu paz y hiere tu corazón?

Añadido a la acción de dirigirse a la casa del Señor en medio de su dolor, Ezequías envió a Eliaquim, administrador del palacio; a Sebna, secretario de la corte; y a los principales sacerdotes, todos vestidos de cilicio a hablar con el profeta Isaías hijo de Amós, quien delante del pueblo representaba la misma voz de Dios. Por lo que, el intimidante mensaje enviado por Senaquerib a Ezequías, en vez de derrumbarle hizo que se aferrara como nunca al Dios en quien servía; y cuando los funcionarios de Ezequías le dieron a Isaías el mensaje que el rey había enviado, el profeta de forma inmediata respondió: *"Díganle a Ezequías que "Esto dice el Señor: "No te alteres por ese discurso blasfemo que han pronunciado **contra mí los mensajeros** del rey de Asiria. ¡Escucha! **Yo mismo** actuaré en su contra..."* (Ver.6-7)

> *¿A dónde te diriges cuando estás en una situación que afecta tu paz y hiere tu corazón?*

En este mensaje podemos observar que a través del profeta Isaías, el Señor expresa tres puntos específicos, que son:

1. **No te alteres por ese discurso blasfemo:** Con lo cual ordena a Ezequías, mantener la serenidad pese

a todas las humillaciones, insultos y amenazas que para ese entonces el rey había recibido por parte de la potencia enemiga. Porque a pesar de que lo que ellos habían dicho, fue lo suficientemente fuerte como para intimidar, para Dios era considerado como un "discurso blasfemo" y nada más.

2. **Que han pronunciado contra mí:** Al escuchar que Dios se había tomado el asunto de forma personal, el rey Ezequías debió sentir un gran alivio. Tal como el que debemos sentir nosotros por causa de las diversas promesas que tenemos acerca de la defensa y protección del Señor. *"Nunca tomen venganza sino déjensela a Dios, porque así está escrito: A mí me corresponde vengarme. **Yo le daré su pago a cada quien, dice el Señor**".* Rom. 12:19 (NBV) Énfasis añadido.

3. **Yo mismo actuaré en su contra:** Con estas palabras, el Señor le estaba informando a Ezequías, que en vez de que se cumplieran las amenazas hechas por Senaquerib en contra de la ciudad de Jerusalén, era él y toda la nación de Asiria que se vería en grandes aprietos por causa de querer dañar, a quienes Dios había prometido proteger.

Sin embargo, luego de que Ezequías recibiera estas poderosas palabras de parte de Dios, el rey de Asiria volvió a tratar de intimidarle; pero esta vez por medio de una carta que contenía una amenaza mayor.

"Este mensaje está dirigido al rey Ezequías de Judá. No

dejes que tu Dios, en quien confías, te engañe con prome-
sas de que Jerusalén no caerá en manos del rey de Asiria.
Tú sabes perfectamente bien lo que han hecho los reyes de
Asiria en todos los lugares donde han ido". Vers. 10-11

Esta carta fue dirigida a Ezequías, pero el asunto ya no tenía
que ver con él, sino con el Dios a quien Ezequías servía; el
destinatario principal que la había de leer.

"Después de recibir la carta de mano de los mensajeros y
de leerla, Ezequías subió al templo del Señor y desplegó
la carta ante el Señor..." (Ver.14)

Con esta acción, Ezequías nos modela la forma como nosotros debemos proceder al recibir "cartas" que tengan la
intención de turbar nuestro corazón. Tal como también
nos exhorta el apóstol Pedro, al decir: *"...Echen toda vues-*
tra ansiedad sobre él, porque él tiene cuidado de vosotros".
1 Pedro 5:7 (RVR1960)

Sin embargo, en este punto es importante aclarar que no todas las cartas que recibimos hay que llevarlas a Dios. Sino
que algunas son solo dignas de que las ignoremos y ni siquiera las mencionemos.

Otras veces la "carta" que vemos como ataque o acusación,
tiene potencial para ayudarnos a ser mejor. Es decir, muchos de los que ahora están leyendo esto puede que consi-
deren alguna crítica o queja que alguien haya hecho sobre
ellos, como una "carta" que tienen que desplegar ante Dios,
cuando a veces es el mismo Dios, quien permite que estos

señalamientos nos lleguen, para que los analicemos y tomemos de estos, lo necesario para corregir cualquier acción que tenga que ser corregida en nosotros.

La "carta" que vemos como ataque o acusación, tiene potencial para ayudarnos a ser mejor.

Esta ha sido una de las formas más prácticas de aplicar a mi vida y a la vida de las personas que están a mi alrededor, valiosas correcciones que nos han servido de mucho en cuanto a nuestro crecimiento individual y colectivo. Para esto, tenemos lo que bien pudiéramos llamar "dos canastas internas". Una de "desecho" y otra de "aprovecho". Ya que hay cosas que aunque no fueron dichas de forma correcta, cuando ignoras la manera como fueron dichas para considerar el fondo de lo que fue dicho, que es la sustancia que contiene; puede que te encuentres con "contenido de mejora no pagado" que puedes aplicar para ser mejor de lo que ya eres, y hacer las cosas mejor de lo que las estás haciendo hasta ahora. Todo gracias a tener la capacidad de poner en la "canasta de desecho" lo que tengas que desechar. Pero en la "canasta de aprovecho" lo que tengas que aprovechar.

De hecho, si notamos lo que dice el texto vemos que Ezequías leyó la carta, la llevó al templo del Señor y allí la desplegó. El primero no la desplegó, sino que la leyó. De la misma manera, antes de apresurarte a "desplegar" toma tiempo para considerar lo que contiene la "carta" que te ha sido enviada y pide al Espíritu Santo que te permita ver si hay algo ahí, que puedas tomar como referencia para aplicarlo a tu vida. Por lo que, si actualmente has recibido alguna "carta" perturbadora, te invito a hacer la siguiente oración:

"Señor, muéstrame lo que hay aquí. Ayúdame a considerar de forma humilde lo que debo considerar de esta carta; ayúdame a ver más allá de la forma y del tono con que se está dirigiendo a mi este remitente. Permíteme ver si tú tienes algo que decirme a través de todo esto. También permite que pueda ver lo que tenga que desechar, y finalmente ayúdame a dejar en tus manos lo que deba considerar, pero no pueda manejar".

Así que recuerda, en el transcurso de tu vida vas a recibir diversas "cartas" algunas dignas de considerar, por lo que te pueden aportar y otras dignas de ignorar, como la que en una ocasión recibió un viejo predicador, la cual ni siquiera tenía remitente, firma o dirección a la que contestar, sino que cuando él la abrió, solo vio un pedazo de papel con una palabra que decía: "¡Tonto!". A la mañana siguiente, la llevó al púlpito y dijo: "Recibí una carta muy inusual esta semana. Nunca antes había recibido una carta donde el escritor firmara con su nombre, pero se olvidara de escribir algo más".

Lo que algunas personas dicen de ti, no habla de lo que tú eres, sino de lo que ellos son.

Tal como en el caso de este predicador, a veces lo que algunas personas dicen de ti, no habla de lo que tú eres, sino de lo que ellos son. Por tanto, aprende a leer las "firmas" halladas en cada una de las "cartas" que te sean enviadas.

Esto también fue lo que hizo Ezequías, leyó la carta, entendió lo que contenía, identificó la firma y supo a quien la llevaría. Así que fue al templo con la carta y oró diciendo:

> "*Jehová de los ejércitos, Dios de Israel, que moras entre los querubines, sólo tú eres Dios de todos los reinos de la tierra; tú hiciste los cielos y la tierra. Inclina, oh Jehová, tu oído, y oye; abre, oh Jehová, tus ojos, y mira; y oye todas las palabras de Senaquerib, que ha enviado a blasfemar al Dios viviente...*" Isaías 37:16-17 (RVR1960)

En cuanto a todo esto, hay algunas consideraciones que no podemos dejar de hacer, y son las siguientes:

1. Dios reconoció a Ezequías porque actuó desde la posición que le correspondía.

Una de las enseñanzas más poderosas que hallamos en esta historia, es la importancia que tiene el hecho de no usurpar funciones, de no tomar un lugar que no nos corresponde y de aun cuando vamos a pedir el favor de Dios en oración, mantenernos en nuestra posición.

En la antigüedad bíblica, existían tres cargos especiales y específicos que eran el del Sacerdote, quien tenía como función interceder por el pueblo delante de Dios; el del Profeta, que era la representación de Dios frente al pueblo, y el del Rey que tenía a cargo guiar al pueblo conforme al consejo de Dios.

Cada uno de estos cargos, tenía una demarcación en cuanto a su función que no debía ser traspasada por el otro. De hecho, cuando en el verso 14 se nos dice que Ezequías subió al templo del Señor, significa que subió a los atrios del templo porque a la parte interior solo a los sacerdotes les correspondía entrar y precisamente esto fue lo que no comprendió otro rey que existió, llamado Uzías. Quien a diferencia de Ezequías, trató de usurpar funciones que no le correspondían.

"Mas cuando ya era fuerte, su corazón se enalteció para su ruina; porque se rebeló contra Jehová su Dios, entrando en el templo de Jehová para quemar incienso en el altar del incienso. Y entró tras él el sacerdote Azarías, y con él ochenta sacerdotes de Jehová, varones valientes. Y se pusieron contra el rey Uzías, y le dijeron: No te corresponde a ti, oh Uzías, el quemar incienso a Jehová, sino a los sacerdotes hijos de Aarón, que son consagrados para quemarlo. Sal del santuario, porque has prevaricado, y no te será para gloria delante de Jehová Dios. Entonces Uzías, teniendo en la mano un incensario para ofrecer incienso, se llenó de ira; y en su ira contra los sacerdotes, la lepra le brotó en la frente, delante de los sacerdotes en la casa de Jehová, junto al altar del incienso. Y le miró el sumo sacerdote Azarías, y todos los sacerdotes, y he aquí la lepra estaba en su frente; y le hicieron salir apresuradamente de aquel lugar; y él también se dio prisa a salir, porque Jehová lo había herido. Así el rey Uzías fue leproso hasta el día de su muerte, y habitó leproso en una casa apartada, por lo cual fue excluido de la casa de Jehová; y Jotam su hijo tuvo cargo de la casa real, gobernando al pueblo de la tierra". 2 Crónicas 26:16-21 RVR1960

2. El poder de la oración:

Es de admirar la forma como en un momento de tanta presión como la que estaba viviendo Ezequías, supo hacer uso del arma más poderosa que tenemos, que es la oración. A tal punto que el profeta Isaías, le habla de parte de Dios diciendo: *"Ya que oraste respecto al rey Senaquerib de Asiria, el Señor ha pronunciado estas palabras en su contra...*

> *Sus ejércitos no entrarán en Jerusalén; ni siquiera lanzarán una sola flecha contra ella.*

> *No marcharán fuera de sus puertas con sus escudos ni levantarán terraplenes contra sus murallas.*

> *El rey regresará a su propia tierra por el mismo camino por donde vino. No entrará en esta ciudad —dice el Señor—. Por mi propia honra y por amor a mi siervo David, defenderé esta ciudad y la protegeré.* (Vers. 21-22)

Esa noche el ángel del Señor fue al campamento asirio y mató a 185,000 soldados de su ejército y cuando los asirios que sobrevivieron despertaron a la mañana siguiente, encontraron que todo el derredor estaba lleno de cuerpos muertos. (Vers. 33-36)

3. A quién clamó Ezequías:

Otro aspecto digno de considerar es que cuando Ezequías oró, elevó su clamor de forma directa a Jehová de los Ejércitos.

Ya que, aunque Jehová tiene muchos otros nombres como son: el Proveedor, el Sanador, el Dios de Paz, nuestra Bandera, nuestro Pastor; a quien clamó Ezequías fue a Jehová Dios de los Ejércitos. Porque él y toda la ciudad de Jerusalén, se encontraba bajo la amenaza de un gran ejército. Por tanto, se humilló y clamó al Dios de los Ejércitos con quien contaba, y el Dios a quien clamó, se dejó ver. Pero no solo de Ezequías, sino también del gran ejército enemigo, que lo había desafiado a él.

4. La última palabra la tiene Dios:

Algo que también podemos notar en esta historia, es que pese a las diversas y temibles amenazas que el rey de Asiria emitió, cuando Dios habló, no lo amenazó, sino que anunció a Ezequías lo que había de hacer y lo ejecutó. Porque por más fuertes que sean las amenazas que recibimos, se desvanecen como cera en el fuego, cuando las llevamos en oración delante de Dios.

El final del rey Senaquerib fue muy trágico ya que murió a manos de sus propios hijos, quienes lo asesinaron mientras ofrecía sacrificio al dios que le servía, pero que nunca le defendió.

"Cierto día, mientras rendía culto en el templo de su dios Nisroc, sus hijos Adramelec y Sarezer lo mataron a espada. Luego escaparon a la tierra de Ararat, y otro de sus hijos, Esar-hadón, lo sucedió en el trono de Asiria". (Ver. 38)

CONSIDERA ESTO:

¿Cuál es la forma como generalmente reaccionas cuando estás bajo amenaza?

¿Has recibido alguna "carta" recientemente a la que por el contenido que tiene, la hayas podido aprovechar?

¿Eres de los que respetan las posiciones de los demás o reconoces que hay momentos en los que has tomado atribuciones que no te corresponden?

Considera una situación determinada que estés atravesando en la actualidad y piensa a cuál de los nombres de Dios deberías apelar.

PRINCIPIOS DEL CAPÍTULO

1. Ante cualquier batalla que estemos librando, nuestra efectividad no solo se trata de saber cuándo callar, sino también de saber cuándo, con quién y cómo debemos hablar.

2. No todas las cartas que recibimos tenemos que presentarlas a Dios, sino que algunas son solo dignas de que las ignoremos y ni siquiera las mencionemos.

3. Hay cosas que, aunque no fueron dichas de forma correcta, ciertamente cuando ignoras la forma como fueron dichas, para considerar el fondo que es la sustancia que contienen, puede que te encuentres con contenido de "mejora no pagado".

4. Por más fuertes que sean las amenazas que recibimos, se desvanecen como cera en el fuego, cuando las llevamos delante del Dios a quien servimos.

5. Reconoce la importancia que tiene el hecho de no usurpar funciones, de no tomar un lugar que no nos corresponde y de aun cuando vamos a pedir el favor de Dios en oración, mantenernos en nuestra posición.

CAPÍTULO 6

POR ENCIMA DE LO QUE VEAS, DIOS ESPERA QUE LE CREAS

*H*asta este punto, hemos considerado diversos persona-jes bíblicos que nos sirven de ejemplo por la forma tan inspiradora como se manejaron en diferentes escenarios de sus vidas. Pero luego de observar estos poderosos ejemplos, en este capítulo te compartiré un testimonio propio, de un acontecimiento que tuvo lugar durante el tiempo que me hallaba escribiendo este libro.

Todo comenzó cuando luego de más de un año de estar confinados por causa de la pandemia del COVID-19, se nos permitió volver a abrir las puertas del templo y nos encontrábamos en el primer día de celebración del quinto aniversario de la iglesia que el Señor nos permitió levantar en la capital de República Dominicana. Ese día, en medio de aquel glorioso jubileo, sentí como el Espíritu Santo habló a mi corazón, diciendo: "Yesenia, ¿me crees?" A lo que de inmediato respondí: "Si Señor, claro que te creo. Como no creerte luego de ver todo lo que has hecho y el modo como lo has hecho durante todo este tiempo". Al día siguiente, cuando desperté a la hora que siempre acostumbro hacerlo para llevar a cabo mi tiempo de oración, sentí otra vez como la misma voz del Espíritu Santo, que me había hablado el día anterior, otra vez me preguntó: "Yesenia, ¿me crees?" Y otra vez volví a responderle: "Sí Señor te creo y sé que siempre cumples lo que dices que vas a hacer".

Aquella mañana mientras oraba, pude sentir de manera muy firme y precisa como el Señor plasmaba en mi corazón dos proyectos muy grandes, mucho más grandes que en lo que en mi capacidad humana, hubiese podido alcanzar. Pero eso no me atemorizó; ya que por más de una vez, había visto la manifestación gloriosa de Dios en todo lo que Él nos había ordenado hacer, y todo cuanto habíamos hecho hasta ese tiempo, pareció ser demasiado alto para nosotros en su comienzo. Pero precisamente así fue como aprendí que a veces Dios nos manda a hacer cosas mucho mayores que nosotros, para que cuando las alcancemos le demos toda la gloria a Él, y para que nunca olvidemos que no hubiésemos podido alcanzar tales cosas, sino hubiese sido por el favor, gracia e intervención de Él. Así que una vez había recibido la instrucción de lo que el Señor deseaba que hiciéramos, no me atemoricé, sino que dije: "Amén Señor, si eso es lo que quieres, eso es lo que exactamente vamos a hacer".

Sin embargo, la duda y la presión quisieron asaltar mi corazón cuando el Señor me hizo saber que el asunto no sería dentro de años, sino que debíamos lanzarlo en aquel mismo tiempo. Fue ahí cuando mi corazón se estremeció porque para la realización de cada uno de esos proyectos, íbamos a necesitar grandes sumas de dinero con la que no contábamos y porque además nos encontrábamos bajo los efectos de una pandemia, que permanece hasta el momento. Así que honestamente no sabía cómo Dios lo iba a hacer, pero otra vez le volví a decir: "Te creo Señor y digo amén a esto y a todo lo que tú decidas hacer". Pero ¿Cuáles eran esos dos proyectos y por qué representaban un desafío tan grande para nosotros?

El primero, consistía en hacer una ciudad dentro de la ciudad que nos encontramos, para albergar a miles de niños que viven en las calles, que son adictos a drogas, que están sumergidos en la prostitución y que son abusados, maltratados y explotados. Pero aquello no solo se trataba de una nave en la que todos pudieran estar, sino en la edificación de cientos de casas donde cada niño tenga una familia de la que pueda ser parte.

Además, al junto de las viviendas también debíamos construir una escuela, una iglesia, un centro de formación técnica, áreas de producción que incluyera una granja, un invernadero, un lago para la reproducción de peces, la siembra y cosecha de víveres, tubérculos, vegetales y árboles frutales, área recreativa, área deportiva, tienda, supermercado, salón de eventos, una nave para recibir donaciones y por supuesto las áreas administrativas del proyecto. La ciudad debía tener nueve calles y cada calle debía estar nombrada con una de las nueve manifestaciones del fruto del Espíritu que son: amor, gozo, paz, paciencia, benignidad, bondad, fe, mansedumbre, templanza; y el nombre de la ciudad debía ser: CIUDAD REFUGIO. ¡Gloria a Dios porque Él no solo nos da la visión, sino también los detalles acerca de la ejecución!

Cuando ya había recibido las coordenadas sobre el modo como debía desarrollar dicho proyecto, supe que el terreno que necesitaríamos para la edificación de aquella ciudad, debía ser muy grande. Uno de por lo menos 30,000.00 metros cuadrados. Pero dije: "Dios nos proveerá ese terreno porque esto viene de Él y Él sabe que humanamente no contamos con los

> *Dios no solo nos da la visión, sino también los detalles acerca de la ejecución.*

recursos ni con los medios para poder adquirir un espacio de tierra de tal magnitud".

A partir de entonces, dentro de mi corazón como canción se repetía lo que el salmista dijo en el Salmo 24:1 *"De Jehová es la tierra y su plenitud; el mundo, y los que en él habitan"*.

Sin embargo, mi fe fue desafiada mucho más cuando el Señor me indicó cuál sería la fecha en la que estaríamos dando inicio a la edificación de este magno proyecto, sin que nosotros tuviésemos la más mínima idea de dónde había de salir el terreno y sin que tuviésemos los fondos para la adquisición del mismo.

Lo único que teníamos era el mandato de parte de Dios para emprender dicho proyecto, del que según Su instrucción, veríamos el cumplimiento en los próximos diez meses. Porque aunque para ese año en particular, estábamos celebrando el aniversario en el mes de noviembre debido a los efectos de la pandemia, el mes en que lo celebramos cada año, es septiembre. Porque el día 16 de ese mes, en el año 2015 fueron abiertas las puertas de la iglesia por primera vez. Así que para la adquisición del terreno de 30,000.00 m² y dar inicio a la construcción de dicho proyecto, teníamos exactamente diez meses, según lo dicho por el Señor. ¡Bendito y alabado sea su nombre por el modo tan peculiar como decide probarnos!

Pero la prueba de nuestra fe, no terminó allí; sino que al día siguiente, volví a escuchar nuevamente la voz del Señor, decir: "Yesenia, ¿Me crees?" Esta vez al igual que en las anteriores, le dije: "Si Señor, te creo". Entonces, me dijo: "Pues quiero que anuncies a la iglesia que para antes de que se celebre el próximo aniversario, Yo les daré el terreno para la edificación de la ciudad que les estoy mandando a edificar y que también les proveeré del monto inicial para hacer la propuesta de compra del terreno donde está la iglesia", el cual está valorado en 6.5 millones de dólares. En este punto pensé: "Dios por favor, confírmame que esto no es idea mía. Por favor, confirma a mi corazón si todo esto procede de ti o si tales cosas provienen solo de mis pensamientos".

Entonces la voz del Espíritu Santo, volvió a hablarme diciendo: "Soy Yo quien te estoy enviando y quiero que lo que te he dicho lo anuncies a la congregación". En ese momento, dije: "Señor, ¿pero realmente debo decirlo? ¿Esto no se puede quedar entre tú y yo? Pero el Señor me dijo: "Si verdaderamente confías en lo que te revelé, entonces atrévete hacer público el hecho de que me crees".

Así que anuncié a la iglesia lo que había recibido de parte del Señor, y todos se regocijaron mucho. De hecho, a partir de aquel momento algunas personas me contactaron para ofrecer al ministerio terrenos desde tres mil y hasta cinco mil metros, pero les explicaba que Dios me había hablado de una ciudad y que una ciudad no cabría en esa cantidad de terreno. Pero de todas formas les agradecía por la intención de hacerse parte de la visión. Algunas de estas personas convirtieron en montos efectivos el valor que habían ofrecido y otros

> *Si verdaderamente confías en lo que te revelé, entonces atrévete hacer público el hecho de que me crees.*

sencillamente no comprendieron la magnitud de dicha visión. Pero yo no podía conformarme con algo diferente a lo que me había hablado el Señor.

Pasados algunos meses, muchas personas de la congregación además de creer, comenzaron a tener el deseo de ver, por lo menos una mínima parte de lo que (según lo que les había comunicado) el Señor había de hacer durante aquellos meses.

Mientras que yo seguía orando, ayunando, creyendo y tocando todas las puertas que entendía podían ser usadas por Dios, para hacer lo que Él había dicho que haría a nuestro favor. Pero antes de ver el cumplimiento de las promesas que Dios nos da, siempre habrá gigantes con los que tendremos que luchar, y esta no fue la excepción.

Díganle que lo siento, pero no puedo atenderla

Debido a la magnitud de dicho proyecto, nos dirigimos a las instancias gubernamentales de nuestra nación, a través de una comunicación escrita que al recibir una de las máximas autoridades de nuestro país, nos respondió diciendo: "Díganle que lo siento, pero no podré recibirle para este tiempo".

Aquello fue muy decepcionante para mí porque si "lógicamente" se suponía que recibiéramos apoyo de alguien para construir en la nación algo de esta magnitud, debió ser de parte de nuestro gobierno. Pero desde siempre he sido una mujer que cuando sabe que persigue lo que debe, no se deja vencer por nada de lo que se le pueda oponer. Así que decidimos ir personalmente a la institución autorizada en nuestra nación para manejar los bienes del estado, habiendo investigado previamente que había varios terrenos que perfectamente podían ser provistos para llevar a cabo este proyecto. Así que nos reunimos con el director de aquella institución quien luego de haber prometido ayudarnos en esta gestión, los meses pasaron y nunca de parte de los del gobierno, tuvimos ningún tipo de información.

Luego el Señor me trajo a la memoria algo que ya sabía pero que por causa de dejar que mis sentidos humanos actuaran, había olvidado; y es que cuando Dios va a hacer algo grande, a veces utiliza lo que menos esperamos para que la gloria de lo que Él hace, no se la lleve ningún humano. Así que decidí seguir orando, ayunando y creyendo en lo que el Señor nos había hablado. Mientras que de manera simultánea, en el mes de febrero de ese año, habíamos lanzado oficialmente el proyecto de compra del terreno de la iglesia. Ya que estaba totalmente segura de que la tierra para el proyecto de Ciudad Refugio, por lo menos en su mayoría había de ser donado, mientras que el terreno para el templo, Dios había de proveernos para comprarlo. Porque el hecho de estar ahí, no era capricho nuestro sino mandato de Dios. Quien por diferentes vías nos había confirmado que ese era el lugar asignado a la visión que ha dado a nuestra congregación. Sin embargo, el aferrarme a esto también halló ciertos tropiezos, ya que muchos simplemente no comprendían porqué si se podía comprar un espacio mayor, por un monto menor en otro lugar, teníamos que enfocarnos en un terreno que costara esa cantidad. Pero cuando tienes una orden de Dios para hacer algo, no debes dejarte mover por las opiniones de personas que no entienden lo que el Señor te ha dicho que debes hacer.

Así que estábamos no solo en cuenta regresiva con respecto al terreno que habíamos de recibir, sino también en cuenta regresiva para obtener el inicial de la compra del terreno donde la congregación se encuentra. En este punto debo admitir, que por más de una vez fui muy atacada con muchos pensamientos que me invitaban a dudar, ya que durante varios meses las cosas no parecían avanzar demasiado. Pero estaba absolutamente segura de quien me había hablado, y nada en el mundo haría que me retractara de lo que había dicho a la congregación y de los pasos que por la fe, ya estábamos realizando.

Había emprendido la marcha hacia la conquista de lo que Dios nos puso delante y sin importar cómo las cosas se vieran, había decidido creer, hacer todo lo que estuviera a mi alcance y dejar que Dios se encargara de lo que humanamente yo no podía hacer.

Para este momento muchos de los miembros de la congregación, se acercaban proponiéndonos hacer desde venta de comida hasta conciertos, con miras a obtener parte de los fondos que necesitábamos para el inicial del monto necesario para la compra del templo. Pero Dios no me había dado instrucciones de vender comida ni de hacer conciertos pro templo, sino que su instrucción había sido: "Convoca al pueblo a sembrar y ellos se unirán a este proyecto".

Fue entonces cuando estando en oración, el Señor me dio la idea de llevar a cabo lo que llamamos el Plan 6.5. El cual consistía en invitar al pueblo a hacer una siembra simbólica con los números 6 y 5. Dicho proyecto fue asimilado de forma sorprendente por los miembros de la congregación y aún por personas de otros lugares que por dirección de Dios, también se unieron a esta visión. Por lo que en aproximadamente cinco meses después de haber lanzado el plan oficial de la adquisición del templo, ya teníamos gran parte del inicial para la compra de dicho terreno.

El Señor no solo prueba nuestra obediencia, sino que cuando le obedecemos nos muestra su recompensa.

Para este tiempo, de forma sorprendente el Señor comenzó a bendecir las personas que se unían a este proyecto, siendo mi familia y yo los primeros. Porque la primera siembra que obtuvo la iglesia, vino de parte nuestra, y la misma, no solo incluyó el monto total de todos nuestros ingresos durante un tiempo determinado, sino también la donación del vehículo que manejábamos. El cual sin pensarlo dos veces, decidimos sembrarlo para este fin. Pero el Señor no solo prueba nuestra obediencia, sino que cuando le obedecemos nos muestra su recompensa; y muy poco tiempo después nos proveyó otro vehículo por medio de alguien que vino a nuestra oficina, solo para preguntarnos: ¿Cuál es el tipo de vehículo que ustedes desean tener? Porque se lo compraré.

El vehículo que estábamos necesitando era un truck 4x4 para realizar las diferentes misiones y jornadas de repartición de alimentos organizadas por nuestro ministerio. Que dicho sea de paso, nunca se detuvieron a pesar de los diferentes desafíos financieros en los que nos hallábamos durante ese tiempo.

Pasados algunos días luego de haber sido visitados por aquel hombre, obtuvimos como regalo de Dios por medio de él, una camioneta doble cabina marca Nissan Frontier, del año 2017, diésel 4x4. ¡La gloria sea toda para el Señor!

Sin embargo, este es solo uno de los tantos testimonios que comenzaron a surgir de todo lo que Dios estaba haciendo en los que decidieron unirse y contribuir con dicho proyecto.

Pero mientras todo esto pasaba, aún no teníamos el terreno para la edificación de Ciudad Refugio, y viendo algunos de la congregación que la determinación de los 30,000.00 metros era firme, comenzaron a informarnos de algunos lugares que contaban con esa cantidad de metros, pero la iglesia debía comprarlos. A los que una y otra vez dije: "Amados gracias por su gestión, pero eso no fue lo que me dijo el Señor. Así que no nos desesperemos, porque Dios se encargará de sorprendernos con ese terreno".

Pasados algunos meses, ya teníamos el inicial para poder hacer la propuesta de compra del templo, tal como Dios había dicho que lo haría. Así que nos sentíamos altamente agradecidos y muy sorprendidos por el modo como el Señor se había glorificado. Pero los días de anunciar la celebración del próximo aniversario, habían llegado y el anuncio del mismo, estaba siendo pasado en cada uno de los servicios. Pero aún la iglesia no había visto la manifestación de lo que Dios había dicho con relación al espacio de tierra, para la edificación de Ciudad Refugio.

Fue entonces cuando sentí como el adversario quiso hacerme dudar como nunca antes lo había hecho, diciendo: "Estás a solo días de quedar en vergüenza frente a todo este pueblo. Dios no hará nada, no vas a poder adquirir el terreno que necesitas, porque no tienes cómo conseguirlo. Prepara al pueblo para darles el anuncio de que no van a poder tener lo que dijiste que iban a ver; porque ya tocaste todas las puertas posibles y ninguna se abrió. Reconoce que te equivocaste y que no fue Dios quien te hablo".

Cuando el enemigo quiera apagar tu fe, échale leña y haz que vuelva a arder

Desde que le entregue mi vida a Dios cuando tenía apenas 16 años, he sido testigo del poder que tiene la fusión de dos de las armas espirituales más poderosas que menciona la Biblia, que son: el ayuno y la oración; y este honestamente fue el mayor desafío que tuvo mi fe, durante todos los años que llevo al frente de la congregación en la que Dios le ha placido ponernos, así que como nunca antes necesitaba hacer uso de aquellas dos armas.

Fue entonces, cuando convocamos un tiempo intenso de ayuno y oración juntamente con toda la congregación; y luego de solo algunos días, comenzamos a ver como la Poderosa mano del Señor se había empezado a mover. Ya que en una reunión que tuvimos con nuestros líderes tratamos el tema, y les comenté el modo como hasta ese momento todo había transcurrido; incluyendo cómo no nos quisieron recibir en la primera representación del gobierno a la que habíamos acudido. En dicha reunión, uno de los miembros de la junta directiva de la congregación, dijo: "Pastora, yo tengo un amigo que puede donarnos ese terreno". A lo que respondí: "Oremos a Dios y vayamos a verlo".

A la semana siguiente, ya estábamos en el terreno y mientras estuvimos allí nos arrodillamos, pidiendo a Dios la confirmación de si esa había de ser la ubicación de Ciudad Refugio o no. Ya que siempre le pido a Dios que me confirme su aprobación y que se involucre aún en los más mínimos detalles de cada cosa que hacemos.

Luego de dos días de haber estado en aquel lugar y haber orado, el miembro de la junta directiva de la iglesia, nos dijo: "Hace días que le hablé a mi amigo acerca de lo que necesitamos, y hoy me llamó para decirme que Dios no lo había dejado dormir y que le dijo: Asegúrate de sacar el espacio dentro de toda la tierra que te he dado, para que se levante el proyecto que te mencionaron".

Lo que mi corazón sintió al enterarme de esto, solo lo sabemos Dios y yo; y por más que quiera expresarlo aquí, todo el libro me quedaría corto. ¡Alabado sea por siempre el Dios que cumple lo que promete!

En esa misma semana tuvimos nuestra primera reunión dentro del terreno con el dueño, quien antes que nada nos preguntó: "¿Cuál es la idea que tienen para el proyecto que quieren hacer aquí?". Y al explicarle cuál era el plan, y cuál había de ser la composición de toda aquella estructura, solo nos dijo: "Pienso que lo que ustedes quieren hacer, es muy grande para la cantidad de metros que están solicitando. Por lo que creo que en vez de 30,000.00 m² ustedes necesitan 100 tareas de tierra". Lo que es igual a 62,886.00 m². O sea, más del doble del terreno que nosotros teníamos estipulado. ¡Cuán maravillosas son las obras del Señor!

Sobre esta cantidad de metros, el dueño del terreno se comprometía a donar una gran parte y por la otra parte, la iglesia le pagaría un monto simbólico, en comparación al costo real del metro de tierra en la ubicación que se encuentra dicho terreno.

Aquel día sentí como si todo lo que estábamos esperando que pasara hubiese estado detrás del telón de Dios, perfectamente preparado y listo; y que la única razón por la que no lo habíamos visto, era porque para ese preciso momento, todo había sido programado por el Señor.

Cuando el enemigo no te puede detener con los de afuera, tratará de detenerte con los de adentro

Una vez que Dios ya nos había guiado hasta ese punto de esta gran victoria, faltaba dar un paso muy importante para nosotros como ministerio, y era el de convocar la junta de abogados de la congregación para que evaluaran la compra. Los cuales inmediatamente iniciaron su gestión y comenzaron a hacer las debidas investigaciones con relación a la condición del terreno.

En ese punto del camino las cosas se complicaron tanto, que sentimos que absolutamente todo había vuelto al punto cero. Debido a que ese terreno, al momento de ser adquirido por la iglesia, estaba en el proceso de titulación y teníamos el inconveniente de que (según las instituciones pertinentes en el manejo de estos casos) se le podía aumentar el precio hasta tres veces más a la hora de titularse y esto por supuesto no era algo que a la iglesia le convenía. Debido a que aunque la parte que tuvimos que pagar tuvo un costo simbólico, a la hora de titular existía la posibilidad de vernos obligados a pagar la alarmante cifra del costo real triplicado de dicho terreno.

Por lo que volvimos a reunirnos con el dueño, quien en aquella reunión nos dijo: "Bueno si al momento de que se le entregue el título, el terreno aumenta demasiado, yo como el que les está cediendo la tierra, puedo pagar una parte del excedente".

Pero eso no era lo que me había dicho el Señor. Así que luego de terminada aquella reunión, volví a orar diciendo: "Dios, por favor no permitas que la manifestación exacta de lo que tú has dicho que vas a hacer con esto, sea afectada en ninguna forma. Señor por favor, acuérdate de lo que tú dijiste; porque todas las cosas son tuyas y esta iglesia, es tu iglesia y ha creído fielmente a lo que tú has dicho. Dios mío, por favor ayúdanos, porque entrar en este tipo de acuerdo sin saber con lo que tengamos que lidiar más adelante, no es el modo como tú has dicho que has de manifestarte".

Pasados unos cuatro días, otra vez fui contactada por la persona que Dios había usado como puente en todo este proceso, quien en esta ocasión me dijo: "Pastora, el propietario del terreno, me acaba de contactar para decirme que usted no se preocupe por nada, que él cubrirá cualquiera que sea el excedente y que también ha recibido orden de Dios para cubrir todo el proceso de la titulación".

Y hoy a solo 12 días para la celebración de nuestro próximo aniversario, mientras termino de escribir este capítulo, me encuentro frente al contrato firmado, con el pico preparado y casco de construcción al lado, para llevar a la iglesia esta gran sorpresa que estoy segura alegrará el corazón de todos los que desde un principio se atrevieron a creer, en la promesa que el Señor nos dio.

¡Gloria a Dios por siempre, por todas y cada una de sus bondades! Esta es solo una muestra más de que cuando Él habla, se encarga de respaldar; y que cuando promete, hace que se manifieste lo que Él dice que ha de pasar.

Así que la iglesia ya tiene el terreno; y en este punto del trayecto volvemos a afirmar, que le creemos a Dios y que sabemos que Él nos ayudará a edificar esta gran ciudad, exactamente como Él ha dicho que lo hará.

Finalmente, con este testimonio espero que tu nivel de fe aumente y que tu confianza en el Señor nunca mengüe. Porque Dios es fiel y aunque el hombre falle, Él nunca nos fallará.

> *"Dios no es hombre, para que mienta, ni hijo de hombre para que se arrepienta. Él dijo, ¿y no hará? Habló, ¿y no lo ejecutará?".* Números 23:19 (RVR1960)

CONSIDERA ESTO:

¿Alguna vez has recibido alguna instrucción de parte del Señor que no te atreviste a llevar a cabo por causa del miedo?

¿Es tu fe tan fuerte como para seguir creyendo en lo que Dios te dijo, aun cuando todo parece estar al revés?

¿Cuáles son los principales obstáculos con los que te encuentras a la hora de emprender algo y cuál es el modo como actúas para derribarlos?

PRINCIPIOS DEL CAPÍTULO

1. A veces Dios nos manda a hacer cosas mucho mayores que nosotros para que cuando las alcancemos, le demos toda la gloria a Él, y para que nunca olvidemos que no hubiésemos podido alcanzarlas, si no hubiese sido por el favor, gracia e intervención de Él.

2. Antes de ver el cumplimiento de las promesas que Dios nos da, siempre habrá gigantes con los que tendremos que luchar.

3. Cuando Dios va a hacer algo grande, a veces utiliza lo que menos esperamos para que la gloria de lo que Él hace, no se la lleve ningún humano.

4. Cuando el enemigo no te puede detener con los de afuera, tratará de detenerte con los de adentro.

5. Cuando Dios habla, Él se encarga de hacer que se manifieste aquello que nos promete.

CAPÍTULO 7

LA REALIDAD VERSUS LA VERDAD

*A*bsolutamente todo el contenido que he compartido contigo hasta este punto, ha tenido la finalidad de equiparte para que seas alguien tan firme y constante que puedas continuamente vencer aquello que intente vencerte a ti.

Pero nuestra misión con este escrito, no estaría completa de no haber presentado la historia que verás a continuación y la que de seguro te será de mucha edificación. La misma está basada en uno de los acontecimientos más tristes que vivió el pueblo de Israel, mientras se movía a la tierra que el Señor les había prometido, dejando ver cómo el hecho de ellos no hacer frente de forma correcta a los desafíos que se hallaban adheridos a aquella conquista, tal acontecimiento terminó siendo algo funesto, que trajo juicio y destrucción a gran parte de aquel pueblo.

Pero, ¿por qué considero que este capítulo va a complementar lo que hasta ahora has leído? Porque así como el pueblo de Israel se vio frente aquellos grandes retos mientras se dirigían hacia lo que Dios les había prometido, es muy posible que tú también te estés moviendo hacia ciertas cosas, que aunque son promesas de Dios para ti, se encuentren acompañadas de grandes retos y enormes desafíos. Dicho esto, lo primero que quiero resaltar es que existe una marcada diferencia entre lo que Dios, en Su voluntad perfecta desea que hagamos; y lo que en Su voluntad permisiva Él nos permite hacer.

Lo que aquí veremos, es accionar basado en voluntad permisiva, donde los involucrados en vez de aferrarse a la fe, decidieron dejarse arrastrar por la vista y tuvieron que enfrentar las tristes consecuencias de dicho acto.

"Entonces les dije [hablando Moisés]: *"Han llegado al territorio montañoso de los amorreos, el cual el Señor nuestro Dios nos da. ¡Miren! El Señor su Dios ha puesto esta tierra delante de ustedes. Vayan y tomen posesión de ella como les dijo en su promesa el Señor, Dios de sus antepasados. ¡No tengan miedo ni se desanimen!". Sin embargo, todos* **ustedes se acercaron y me dijeron: "Primero enviemos espías a que exploren la tierra por nosotros.** *Ellos nos aconsejarán cuál es la mejor ruta para tomar y en qué aldeas entrar".* Deuteronomio 1:20-22 (NTV) Énfasis añadido.

Dios había prometido al pueblo de Israel que les entregaría como heredad una tierra muy especial de la cual fluía leche y miel, y la que a pesar de estar habitada por otros pueblos, Dios había dicho que se la entregaría a ellos.

Pero el pueblo no confió en lo que Dios le prometió y solicitó a Moisés que le permitiera ir a inspeccionar aquella tierra, aludiendo a que si iban y observaban lo que en ella había, tendrían la capacidad de preparar un plan de ataque más efectivo para conquistarla.

En este punto cabe destacar que tal acción no se trataba de algo inusual para un ejército común; a esto se le conoce como el acto de "exploración" y es lo que generalmente un ejército hace a la hora de asaltar un territorio determinado. Pero Israel no era cualquier ejército, era el ejército de Dios; y Canaán no era cualquier territorio, era la herencia que para su pueblo había señalado el Señor. Así que ya Dios había hecho la "exploración" por ellos.

Por tanto, la perfecta voluntad del Señor con relación a esta conquista, era que su pueblo confiara en que el mismo que les había prometido la tierra, también los había de acompañar en su llegada hasta ella. Porque la voluntad del Señor nunca nos guiará donde la gracia y el poder de Dios no nos hayan de sustentar.

Sin embargo, aunque no estaba dentro de la perfecta voluntad de Dios que los hijos de Israel fueran a explorar algo que ya les correspondía, Dios en su voluntad permisiva, permitió que fueran y la reconocieran.

> *La voluntad del Señor nunca nos guiará donde la gracia y el poder de Dios no nos hayan de sustentar.*

"Y Moisés los envió desde el desierto de Parán, conforme a la palabra de Jehová; y todos aquellos varones eran príncipes de los hijos de Israel... Y volvieron de reconocer la tierra al fin de cuarenta días. Y anduvieron y vinieron a Moisés y a Aarón, y a toda la congregación de los hijos de Israel, en el desierto de Parán, en Cades, y dieron la información a ellos y a toda la congregación, y les mostraron el fruto de la tierra. Y les contaron, diciendo: Nosotros llegamos a la tierra a la cual nos enviaste, la que ciertamente fluye leche y miel; y este es el fruto de ella. Mas el pueblo que habita aquella tierra es fuerte, y las ciudades muy grandes y fortificadas; y también vimos allí a los hijos de Anac. Amalec habita el Neguev, y el heteo, el jebuseo y el

amorreo habitan en el monte, y el cananeo habita junto al mar, y a la ribera del Jordán. Entonces Caleb hizo callar al pueblo delante de Moisés, y dijo: Subamos luego, y tomemos posesión de ella; porque más podremos nosotros que ellos. Más los varones que subieron con él, dijeron: No podremos subir contra aquel pueblo, porque es más fuerte que nosotros". (Números 13:3-31)

Por causa de Dios haberles entregado la tierra y haberles ordenado que entraran y la tomaran, todo lo que los hijos de Israel debían hacer era confiar y obedecer a la palabra que les había sido dada. Porque tal como el Señor lo había prometido, Él iría delante de ellos; y si Dios estaba con ellos, nadie podría prevalecer en contra de ellos.

Pero lejos de comprender esto, todos los que fueron a inspeccionar dicha tierra, excepto Josué y Caleb, se desalentaron ante los desafíos hallados en ella; y tal desaliento se extendió rápidamente por todo el campamento, cuando los diez espías presentaron su informe basado en los obstáculos y no en las promesas que ellos tenían de parte de Dios.

En otras palabras, los diez espías no solo estaban dudando de lo que Dios había dicho que iba a hacer, sino que estaban sembrando incredulidad en el resto del pueblo, al decir: *"Nosotros no podremos vencer a este pueblo porque es más fuerte que nosotros".* Números 13:31 (BLPH)

Por lo que, en vez de hacer memoria de todos los hechos maravillosos que para entonces el Señor había hecho a favor de ellos, se llenaron de incredulidad e hicieron que el pueblo tampoco creyera en lo que Dios había dicho que haría con ellos. Y a pesar de reconocer que la tierra que habían inspeccionado era buena, se dejaron cegar por la incredulidad; y dicha incredulidad se convirtió en rebelión, hasta extenderse como plaga mortífera que trajo destrucción y ruina a gran parte de aquella congregación.

Nosotros llegamos a la tierra a la cual nos enviaste, la que ciertamente fluye leche y miel: Es decir que lo que Dios había dicho sobre la tierra era cierto y ellos lo estaban reconociendo.

"Mas sin embargo" lo que pudiéramos traducir como: *"Pero a pesar de todo..."* Pero, ¿cómo puede alguien decir: *"Fuimos a la tierra y la promesa de Dios es verdad"* y después acerca del mismo acontecimiento, decir: *"Pero a pesar de todo...?"*

Cómo puede un pueblo que para ese entonces había visto tantas maravillas de parte de Dios, poner primero los obstáculos que vieron antes que hacer memoria de todos los portentos que hasta ese entonces vivieron. En este punto, cabe destacar que los espías enviados por Moisés a inspeccionar la tierra, fueron doce. Los cuales llegaron al mismo territorio, observaron los mismos frutos y vieron los mismos desafíos, pero solo dos de ellos decidieron creer en la promesa que Dios les había hecho, en vez de dejarse arrastrar por los obstáculos que habían visto. Mientras que la mayoría, es decir, los otros diez, básicamente se presentaron con los siguientes argumentos ante todo el pueblo y ante Moisés:

➤ A pesar de la promesa fiel de Dios, **el pueblo que habita aquella tierra es fuerte.**

➤ A pesar de la promesa fiel de Dios, **las ciudades están amuralladas y fortificadas.**

➤ A pesar de la promesa fiel de Dios, **vimos allí a los hijos de Anac** *(una tribu de hombres gigantes).*

➤ A pesar de la promesa fiel de Dios, **Amalec, el amorreo y el cananeo habitan** la tierra, así que no hay espacio para nosotros.

La tierra que aquellos espías habían ido a inspeccionar ciertamente representaba un desafío, pero no para Dios sino para la fe de ellos en Dios. Porque, aunque mucho de lo que ellos informaron era real, había una verdad que estaba por encima de aquella realidad: El Dueño de la tierra, su plenitud, el mundo y los que en él habitan, había dicho que se la había de entregar. Y precisamente a esta verdad fue que Josué y Caleb se decidieron aferrar.

➤ Porque, aunque era real, desde la perspectiva humana, que los pueblos que habitaban la tierra eran más fuertes que ellos; Josué se aferró a la siguiente verdad: *"Nosotros nos lo comeremos como pan"*. (Ver. 14:9)

➤ Era real que en la tierra habitaban gigantes; pero era verdad que su amparo se había apartado de ellos, y con el pueblo de Israel, estaba Jehová el Poderoso Gigante. (Ver. 14:9)

➤ Era real que las ciudades estaban amuralladas, pero era verdad que Dios les había dado aquella tierra por heredad. (Ver. Deuteronomio 1:20)

Ahora bien, como ya dijimos, este acontecimiento no solo estuvo caracterizado por la incredulidad sino también por la rebelión, por causa de la cual luego de haber escuchado dicho informe, el pueblo dijo lo siguiente:

"¡Ojalá hubiéramos muerto en el país de Egipto! O si no, ¡ojalá, al menos, hubiéramos muerto en este desierto! ¿Por qué el Señor nos lleva a esa tierra para morir a espada? ¡Nuestras mujeres y nuestros niños servirán de botín! ¡Sería preferible regresar a Egipto! Y se decían unos a otros: Nombremos a un jefe y regresemos a Egipto". Números 14:2-4 (BLPH)

En otras palabras, el pueblo dijo: "Dios no debió sacarnos de Egipto sino dejarnos morir allí. O hacer que muramos en el desierto para que no nos maten los moradores de los pueblos que habitan la tierra a la que nos está guiando. Pero ahora esta gente nos destruirá y no solo eso, sino que también tomarán como propiedad de ellos a nuestras mujeres y nuestros hijos. Así que no sigamos avanzando hacia allá, ni sigamos creyendo en lo que Dios ha dicho que hará. Mejor armemos nuestro propio plan de supervivencia, porque el plan de Dios para nosotros no funcionó. Volvamos a Egipto, porque la intención que Dios tenía, definitivamente fracasó".

Pero, ¿por qué fueron tan graves estos argumentos? Porque todo lo que Dios había hecho con ellos hasta ese tiempo era favorecerles; en ningún momento les había abandonado, ante ninguna circunstancia les había desamparado y durante todo el trayecto del camino, les había guardado. Su poder se había hecho palpable para ellos con la manifestación de las diez plagas que le envió a la nación de Egipto, al abrir el Mar Rojo para que ellos pudieran pasar por medio de él en seco y al proveerles de pan, carne y agua para que a ellos no les hiciera falta sustento. En otras palabras, en cada uno de estos acontecimientos, ellos habían recibido felizmente los favores de Dios, pero en el momento de mostrar su confianza en Él, fallaron a pesar de todo lo que Él había hecho a favor de ellos.

Partiendo de esto, son muchas las lecciones que nos deja este acontecimiento, entre las cuales están las siguientes:

➤ A pesar de las muchas obras que hace Dios a favor nuestro, muchos siguen sin entender que en Él, hay poder para hacer todo lo que quiere hacer.

➤ No todas las veces la opinión que debe tomarse en cuenta es la de la mayoría, porque no siempre la mayoría tiene la razón. Piensa solo por un momento lo que hubiese pasado si el pueblo se hubiese movido por la sugerencia de la mayoría, la cual consistía en lo siguiente: *"Designemos un capitán y volvámonos a Egipto"*. En otras palabras: "Dios nos hizo libres, pero volvamos a ser esclavos otra vez". Números 14:4

➤ Por encima de cualquier obstáculo real o imaginario que exista en lo que Dios te haya prometido, recuerda que Él es absolutamente fiel y jamás deja de hacer lo que promete, porque no hay nada imposible para Él.

➤ Los doce espías enviados vieron la misma tierra, pero el informe de Josué y Caleb fue diferente. Por lo que es absolutamente común que ante una misma situación haya perspectivas distintas; ya que nuestra fe, así como nuestra incredulidad, no emanan de los acontecimientos sino de lo que llevamos dentro.

➤ Dios les había prometido la tierra, y les había dicho que se enfocaran en lo que fluía de ella, no en los moradores que vivían en ella. De igual modo, es posible que lo que el Señor te ha prometido a ti, también se encuentre poblado, amurallado, cerrado o habitado por gigantes. Pero Él no quiere que te enfoques en los obstáculos que hay en ello, sino en lo que fluye de ello. Porque lo que fluye de ello, es tu herencia; mientras que lo que lo ocupa, Dios en su momento lo sacará y lo que Él decida dejar, tendrá que convertirse en tributario tuyo.

➤ Caleb tuvo el carácter y la valentía de no dejarse arrastrar por la mayoría y de mandar a callar a quienes no creían. De igual manera, ante cualquier situación que enfrentes, que demande de ti una muestra firme de tu fe, procura tener la suficiente valentía y arrojo para mandar a callar a aquellos que no creen.

➤ Es peligroso prestar atención a las voces que contradicen lo que Dios te ha dicho que va hacer. Por lo que Josué al igual que Caleb, no se dejaron cubrir por la nube de incredulidad ni se dejaron influenciar por la opinión popular, sino que, en vez de esto, hicieron confesión pública de su fe, diciendo: *"**Nosotros los comeremos como pan, porque el amparo de ellos se apartó de ellos pero con nosotros está Jehová**"*. (Ver. Números 14:9)

Finalmente, recuerda siempre que existe una marcada diferencia entre realidad y verdad. La realidad es lo que tienes frente a ti, mientras que la verdad es lo que a veces no ves, pero es más real que aquello que sí puedes ver. Tu realidad está basada en las circunstancias, mientras que tu verdad, está basada en la fe. A esto precisamente hace alusión el libro de Hebreos 11:1 al decir: *"Es pues la fe, la certeza de lo que se espera y la convicción de lo que no se ve"*.

Es peligroso prestar atención a las voces que contradicen lo que Dios te ha dicho que va hacer.

Son muchas las personas que por dejarse arrastrar por lo que ven (su realidad) no llegan a conquistar lo que Dios les ha prometido (su verdad) y precisamente esto es lo que va a determinar si te estancas por causa de los diversos retos y desafíos que enfrentas, o si le pasas por encima a cualquiera que sea la realidad que tengas de frente, porque...

➤ Tu realidad, puede ser que estés enfermo; pero tu verdad es que tienes a un Dios capaz de sanar toda enfermedad.

"Él es quien perdona todas tus iniquidades, Él que sana todas tus dolencias". Salmo 103:3 (RVR1960)

➤ Tu realidad, puede ser que te falten ciertas cosas; pero tu verdad es que tienes diversas promesas de provisión de parte del Señor, entre las cuales está esta:

"Joven fui, y he envejecido, y no he visto justo desamparado, ni su descendencia que mendigue pan". Salmo 37:25 (RVR1960)

➤ En tu realidad, puede que te sientas estancado; pero tu verdad es que tienes a un Dios que nunca deja por la mitad lo que ha comenzado.

"Estando persuadidos de esto, que el que comenzó en vosotros la buena obra, la perfeccionará hasta el día de Jesucristo". Filipenses 1:6 (RVR1960)

➤ En tu realidad, puede que estés cansado; pero en tu verdad, Dios promete darte las fuerzas necesarias para que cumplas con aquello que Él te ha encomendado.

"Pero tú aumentarás mis fuerzas como las del búfalo. Seré ungido con aceite fresco". Salmo 92:10 (RV1960)

➤ En tu realidad, puede que tus hijos se encuentren en un estado de rebeldía; pero en tu verdad tienes promesas de parte de Dios de que tú y tu casa, le servirán al Señor.

"Cree en el Señor Jesús, y serás salvo tú y toda tu casa". Hechos 16:31 (RVR1960)

➤ En tu realidad, puede que ciertas cosas que has vivido te hagan sentir fracasado; pero tu verdad es que todo obra para bien a aquellos que, según el propósito eterno de Dios, son llamados.

"Y sabemos que Dios hace que todas las cosas cooperen para el bien de quienes lo aman y son llamados según el propósito que él tiene para ellos" Romanos 8:28 (NTV)

Es hora de que dejes de ver lo que tienes al frente (realidad) y sincronices lo que haces, lo que dices y lo que sientes con lo que el Señor te ha dicho (verdad).

Hoy es el mejor día para dejar de turbarte por lo que ves y comenzar a caminar conforme a lo que crees. Porque lo que Dios te prometió que va a hacer, es mucho más veraz que lo que ahora puedes ver. Por tanto, no es que no eres lo que Él dijo que eres; sino que mucho de lo que según el plan de Dios ya eres, solo será revelado cuando tengas un carácter firme y determinado para creer y vivir conforme a lo que Él ha hablado.

"No mirando nosotros las cosas que se ven, sino las que no se ven pues las cosas que se ven son temporales, pero las que no se ven son eternas". 2 Corintios 4:18 (RVR1960)

Si te enfocas en tu realidad, no podrás aferrarte a tu verdad; y justo eso fue lo que aconteció con el pueblo de Israel, a quien Moisés dijo: *"El Señor nos ha entregado la tierra"* (verdad) pero el pueblo dijo: *"Tenemos que ir a reconocerla"* (queremos ver la realidad).

Esta historia nos muestra que es peligroso buscar medios para satisfacer nuestra incredulidad; ya que muy a menudo cuando tenemos tanta necesidad de ver, es porque generalmente estamos dudando de lo que Dios ha dicho que va a hacer. Sin embargo, espero no me malinterpretes porque todos anhelamos ver lo que Dios ha dicho que va a hacer. Pero es importante recordar que a toda promesa recibida de parte de Dios, le llegará el tiempo de su manifestación, y el hecho de querer que tales promesas se rebelen antes del tiempo indicado según el reloj de Dios, puede hacernos cometer errores funestos, tal como los que cometió este pueblo, al dejarse mover por los obstáculos que vieron, en vez de aferrarse a la promesa que recibieron.

> *Es peligroso buscar medios para satisfacer nuestra incredulidad.*

La triste consecuencia que vivieron aquellos diez espías y todos los que creyeron al informe emitido por ellos, fue la muerte. Mientras que solo Josué, Caleb y los hijos de los que habían muerto, pudieron ser testigos del cumplimiento de la promesa que Dios les había dado cuando llegaron a su destino.

Con relación a esto, la Biblia dice que Josué y Caleb entraron a la tierra prometida porque en ellos se halló un espíritu diferente. (Ver Núm. 14:24). Es decir, en ellos no se halló incredulidad, duda ni rebelión; tampoco se halló un carácter débil que se dejara arrastrar por quienes se habían revelado; sino que en ellos se manifestó la actitud y la postura que debía presentar alguien que conocía al Dios que le servía, y que estaba consciente del respaldo que de parte de Él, tenía.

Y en ti, ¿qué clase de espíritu hay? Es mi oración y mi deseo que tu nivel de determinación, aunque sea atacado, nunca se vea estancado por la duda o la incredulidad; y que tu verdad siempre tenga mayor relevancia para ti, que cualquiera que sea tu realidad.

CONSIDERA ESTO:

Toma un momento para reflexionar, y piensa sobre la forma como generalmente enfrentas lo que te pasa... ¿Lo haces basado en tu realidad o en tu verdad?

Cuando Dios te da una promesa, ¿Te aferras a ella o te distraen los obstáculos que puedan ser hallados en ella?

¿Cuál es el modo como te manejas cuando alguien procura hacerte dudar de lo que Dios te ha dicho que hará? ¿Te dejas arrastrar por la incredulidad de ellos, o al igual que Caleb, los mandas a callar?

PRINCIPIOS DEL CAPÍTULO

1. Existe una marcada diferencia entre realidad y verdad. La realidad es lo que tienes frente a ti, mientras que la verdad es lo que a veces no ves, pero es más real que aquello que sí puedes ver.

2. Cuando tenemos tanta necesidad de ver, es porque generalmente estamos dudando de lo que Dios ha dicho que va a hacer.

3. No todas las veces la opinión que debe tomarse en cuenta es la de la mayoría, porque no siempre la mayoría tiene la razón.

4. Ante cualquier situación que enfrentes y que demande de ti una muestra firme de tu fe, procura tener la suficiente valentía y arrojo para mandar a callar a aquellos que no creen.

5. Es importante recordar que a toda promesa recibida de parte de Dios, le llegará su debido momento y el hecho de querer que tales promesas se rebelen antes de tiempo, puede hacernos cometer errores funestos.

PALABRAS FINALES

ha prometido a su pueblo santo; y así verán también lo grande que es el poder que Dios da a los que creen en él". Efesios 1:18-19

Al llegar a la culminación de este libro, solo me resta desear que todo lo que aquí has adquirido te ayude a desarrollar un nivel de determinación no solo de momento, sino que perdure en el tiempo; que no solo funcione cuando eres motivado por otros, sino que se mantenga firme cuando no cuentes con el apoyo o el respaldo de los demás; que no solo sirva para sustentarte mientras alcanzas eventos, sino que te ayude a mantenerte enfocado mientras desarrollas una vida basada en el más importante de los procesos que puedas emprender, que es el de enfocarte en ser, todo lo que con el favor y gracia de Dios contigo, puedes llegar a ser.

Que el brazo del Todopoderoso te sostenga, que Su Santo Espíritu te direccione y que Su favor y gracia nunca se aparten de ti; para que puedas vencer en Su nombre, todo lo que intente vencerte a ti. Porque fuiste diseñado no solo para vivir, sino para cumplir con esa misión específica que te fue dada y que solo tú, la puedes llegar a cumplir, del modo como te fue asignada.

"Pido que Dios les abra la mente para que vean y sepan lo que él tiene preparado para la gente que ha llamado. Entonces podrán participar de las ricas y abundantes bendiciones que él

OTROS LIBROS DE LA AUTORA

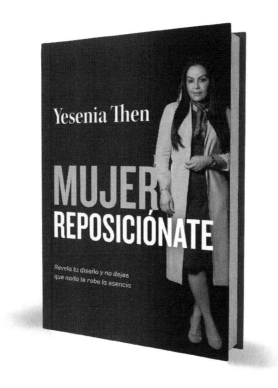

Mujer reposiciónate

En Mujer Reposiciónate la Pastora Yesenia Then, de forma bíblica y con un estilo fresco, llano y peculiar nos convoca al REPOSICIONAMIENTO. Mostrándonos como luego de haber caído, podemos encumbrarnos mucho más alto de lo que estábamos antes y como al poner en manos del Señor nuestras experiencias dolorosas, El hace que éstas se conviertan en una fuerza motora que nos redireccione y nos impulse en torno a la conquista de nuestro propósito. Mujer reposiciónate, revela tu diseño y no dejes que nada te robe la esencia.

Disponible en formatos

Libro

eBook

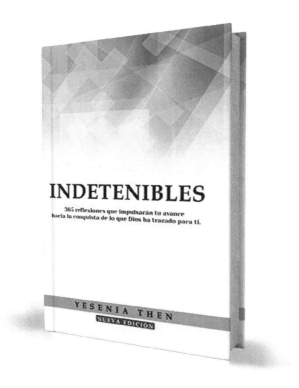

Indetenible

365 mensajes, anécdotas e ilustraciones que impulsarán tu avance hacia la conquista de lo que Dios ha trazado para ti. Con furia e inspiración de Dios, a través de su autora, Yesenia Then. Un libro solo recomendado para aquellos que no aceptan otro diseño que no sea el que ya Dios creó para ellos y que hasta no ver cumplido ese diseño en sus vidas, han tomado la firme y obstinada decisión de ser *Indetenibles*.

Disponible en formatos

Libro

eBook

Reconstruye con los pedazos

El modo como decidas hacer frente a lo que te acontece, es lo que marcará la diferencia entre si terminas como víctima, o superas tal embate como un sobreviviente. Un sobreviviente que al ver lo que fue quebrado, no se lamenta por los pedazos. Sino que los contempla para enfocarse en todo lo que puede salir de ellos; y precisamente para ayudarte a reconstruir con ellos, *Reconstruye con los pedazos*, un contenido que al leer, serás inspirado, fortalecido, y edificado para echar a un lado la tristeza y confusión y emprender con toda firmeza tu nueva edificación.

Disponible en formatos

Libro

eBook

Diamantes

Es un libro de 500 frases de lectura fácil, sencilla, y a la vez, cargada de instrucciones, que si atesoras y pones en práctica, te servirán como herramienta útil, para vivir de manera más sabia, efectiva y productiva el trayecto de vida que tienes delante.

Disponible en formatos

Libro

eBook

A la manera de Cristo

En este contenido, podrás aprender acerca de la firmeza de carácter y la determinación que Jesús, mostró: Su compromiso con Su asignación, Su respuesta ante la tentación y muchos otros temas que estamos convencidos que impactarán tu corazón. Por tanto, no dejes de sacar el mayor provecho a esta obra escrita que Dios ha usado a la Pastora Yesenia Then, para traer a nuestras vidas; porque precisamente el hecho de que nos dediquemos a vivir "A La Manera de Cristo", es lo que Dios espera de cada uno de nosotros.

Disponible en formatos

Libro   eBook   Audiolibro

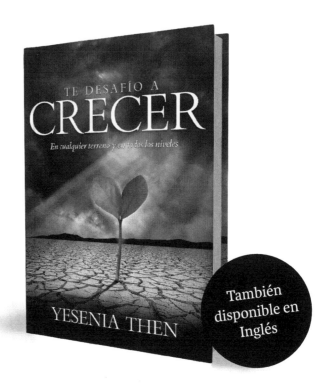

También disponible en Inglés

Te desafío a crecer

Más que un simple libro, es una herramienta de inspiración, dirección y fortalecimiento, que te hará no conformarte con menos de lo que fuiste creado para ser. El desafío está en pie, atrévete a crecer continuamente por encima de todas tus circunstancias y sin dejarte gobernar por tus dificultades.

Disponible en formatos

Libro

eBook

Audiolibro

Utiliza este código para
conocer estos y muchos
más materiales de
Yesenia Then

También búscalos en
www.yeseniathen.com
www.renaceruno.com

Made in United States
Orlando, FL
05 February 2023

29571428R00089